Mittag (Hrsg.)　Der letzte Weg: Wie wir mit dem Tod umgehen

Oskar Mittag (Hrsg.)

Der letzte Weg: Wie wir mit dem Tod umgehen

Erfahrungen von Angehörigen, Freunden und Helfern

Mit Beiträgen zu Hospizarbeit, Sterbehilfe und Organspende

Abschied nehmen: Trauerfeier und Bestattung

Anschrift des Autors:
Dr. Oskar Mittag
Mühlenberg-Klinik
Frahmsallee 1–7
23714 Malente

Umschlaggestaltung:
Cyclus · D+P Loenicker, Stuttgart

Lektorat:
Sylvia Aschenbrenner

*Die Deutsche Bibliothek –
CIP-Einheitsaufnahme*

*Der letzte Weg: wie wir mit dem Tod
umgehen* : Erfahrungen von Angehörigen, Freunden und Helfern ; mit
Beiträgen zu Hospizarbeit, Sterbehilfe
und Organspende ; Abschied nehmen:
Trauerfeier und Bestattung / Oskar
Mittag (Hrsg.). – Stuttgart : TRIAS,
1997

© 1997 Georg Thieme Verlag,
Rüdigerstraße 14,
70469 Stuttgart
Printed in Germany
Satz: Druckhaus Götz GmbH,
71636 Ludwigsburg
(CCS Textline, Linotronic 630)
Druck: Gutmann, Talheim

ISBN 3-89373-391-4   1 2 3 4 5 6

Geschützte Warennamen (Warenzeichen) werden *nicht* besonders kenntlich gemacht. Aus dem Fehlen eines solchen Hinweises kann also nicht geschlossen werden, daß es sich um einen freien Warennamen handele. Das Werk, einschließlich aller seiner Teile, ist urheberrechtlich geschützt. Jede Verwertung außerhalb der engen Grenzen des Urheberrechtsgesetzes ist ohne Zustimmung des Verlages unzulässig und strafbar. Das gilt insbesondere für Vervielfältigungen, Übersetzungen, Mikroverfilmungen und die Einspeicherung und Verarbeitung in elektronischen Systemen.

Inhalt

Zu diesem Buch 7

Wie wir sterben 17

Der letzte Tanz 17
Bettina Dolezalek-Pohl

Ruth 22
Jens und Christine Dolge

»Ich finde das schön, daß man das kann ...« 28
Marianne Muntau

Des Bruders Hüter 35
Wolfgang Chrosziewski

Ein Tod in einem Alten-Pflegeheim 39
Anonyma

Wiederbelebung 43
Ludger Iske

AIDS 47

»Niemals geht man so ganz«:
Die Begleitung eines Aids-Patienten 47
Christoph Mayr

Kindertod 61

Unter Glas 61
Barbara Künzer-Riebel

Plötzlicher Kindstod 76
Margit und Ralf Handels

Benni 79
Marianne Wulf

Trauer nach perinatalem Kindstod: Umgang mit dem
Kindstod in der Frauenklinik 85
Karl-Heinz Wehkamp

Inhalt

Hospizdienst — 92

Hospizarbeit: eine Herausforderung an ehrenamtliche Helfer und Helferinnen — 92
Margret Krueger

Sterben – eine Zeit des Lebens — 100
Sabine Paqué

Schmerztherapie — 113

Schmerztherapie in Dänemark – einige Eindrücke — 113
Heike Roth

Organspende — 119

Sterben und Tod auf der Intensivstation:
Der hirntote Patient zwischen Angehörigen und Arzt — 119
Harald Barth

Der »gute Tod« — 125

Lebens-Wert?
Tödlicher Zeitgeist – Die Neo-Euthanasiedebatte — 125
Manfred Schleker

Die Beerdigung — 128

Erde zu Erde, Asche zu Asche ...
Bestattungsformen und Abschiedsriten — 128
Ulrich George

Verzeichnis der AutorInnen — 142

Zu diesem Buch

Jeden Tag sterben in Deutschland weit über 1000 Menschen. Allabendlich hören wir in den Nachrichten Meldungen über Opfer von Katastrophen, Hunger oder Kriegen in der Welt. Trotzdem bleibt der Tod uns fremd und unwirklich. Ein Grund dafür ist, daß nur wenige Menschen im Laufe ihres Lebens unmittelbar mit dem Sterben konfrontiert sind. Wir haben den Tod aus dem Alltagsleben in die Krankenhäuser und Pflegeheime verlagert. Fast 80 Prozent der Menschen in Deutschland sterben heute in Kliniken oder klinikähnlichen Einrichtungen. Dadurch ist uns jene Vertrautheit mit dem Tod verlorengegangen, die sich noch bis zur Mitte dieses Jahrhunderts durch Tradition, Brauchtum und Erfahrung vermittelte. Heute wissen wir kaum noch, mit dem Sterben und dem Tod umzugehen. In solchen Zeiten suchen die Menschen Hilfe bei den Wissenschaften und bei den Erfahrungen anderer. So ist es nicht zufällig, daß in den letzten Jahren eine große Zahl von Büchern erschienen ist, die sich mit Themen wie »Sterben«, »Tod« und »Trauer« beschäftigen.

Das hier vorliegende Buch ist eine Sammlung von ganz persönlichen Erfahrungsberichten. Menschen berichten darin, wie sie Angehörige, Freunde oder Patienten im Sterben begleitet haben, und darüber, wie sie mit dem Tod umgehen. Einige dieser Berichte habe ich als spontanes Echo auf das Buch »Sterbende begleiten« erhalten, das vor zwei Jahren im Trias Verlag erschienen ist. Sie wurden mir von Freunden, aber auch von bis dahin völlig fremden Menschen anvertraut. Andere schrieben mir oder riefen mich an, um von eigenen Erfahrungen zu berichten. Mit einer so großen Wirkung des Buches »Sterbende begleiten« hatte ich überhaupt nicht gerechnet. Sie hat mir gezeigt, wie groß das Bedürfnis ist, sich mit dem Sterben und dem Tod auseinanderzusetzen. Daraus erwuchs dann der Plan zu diesem Buch.

Der große Wert von persönlichen Erfahrungsberichten, wie sie hier zusammengetragen sind, liegt darin, daß sie dem Leser erlauben, anhand eben dieser Beispiele seine eigene Art des Umgehens mit dem Tod zu suchen. Denn es gibt keine Norm des Sterbens. Jeder Mensch muß seine eigene Weise finden, mit dem Sterben und dem Tod eines geliebten anderen umzugehen. Berichte anderer Menschen können immer nur Möglichkeiten aufzeigen. Sie machen auch deutlich, daß die Konfrontation mit dem Tod ganz vielfältige und widersprüchliche Gefühle in uns auslöst und daß es keine einfachen Lösungen dafür gibt. Und sie können Betroffenen schließlich das Gefühl geben, mit ihren Problemen, Konflikten und Widersprüchen im Umgang mit dem Tod nicht alleine zu sein.

Der französische Sozialhistoriker *Philippe Ariès* hat in zwanzigjähriger Forschungsarbeit untersucht, wie Menschen mit dem Tod umgehen. Über Jahrtausende hinweg war der Tod ein vertrauter Begleiter, ein Bestandteil des Alltagslebens. Ein wichtiger Aspekt des Sterberituals war das Bewußtsein des nahen Todes. Wer sein Ende nahen fühlte, versammelte Angehörige und Freunde um sich, um in einem letzten Beisammensein Rückblick auf das Leben zu halten, allen seinen Segen zu geben und schließlich Abschied zu nehmen und zu sterben. Die Menschen, so scheint es, fügten sich in das Unvermeidliche und in den Willen der Natur. *Ariès* nennt dies den »gezähmten Tod«. Der Bericht von *Bettina Dolezalek-Pohl*, der hier im Buch voransteht, kommt dieser schlichten Hinnahme des Todes, die der traditionellen Gesellschaft eigen war, nahe. Sie beschreibt, wie sich in der Sterbephase ihres Mannes eine wunderbare zarte Beziehung zwischen ihnen entwickelte und wie ihr Mann schließlich voller Ergebenheit und Frieden gestorben ist. Ich kenne Bettina schon lange Zeit, und ich habe auch ihren Mann gekannt. Ihre Geschichte hat mich immer mit Freude und Hoffnung erfüllt. Es ist gut zu wissen, daß Sterben sich auch gnädig vollziehen kann. Wenn es so geschieht, ist es wie ein Geschenk.

Bei der Auswahl der Texte für dieses Buch war es mir aber wichtig, auch Berichte aufzunehmen, die nicht der Vorstellung des »gezähmten Todes« entsprechen. *Marianne Muntau* schildert hier das lange und qualvolle Sterben ihrer Mutter. Sie sagt aber auch, wie wichtig es für sie ist, die Erfahrung gemacht zu haben, die Mutter bis zuletzt zu begleiten: »Ich finde das schön, daß ich das gemacht habe … für mich selber …« *Jens* und *Christine Dolge* berichten, wie sie der Schwester bzw. Schwägerin ermöglichen wollten, zu Hause sterben zu dürfen, und wie die Umstände dies dann doch nicht zuließen und sie die Sterbende ins Krankenhaus geben mußten. Und sie schildern, wie sehr sie darunter gelitten haben, daß die Schwester bis fast zuletzt die Realität des Sterbenmüssens nicht wahrhaben konnte, daß kein Gespräch über den Tod, kein Abschied möglich war. Eine junge Frau (*Anonyma*), die nicht genannt werden möchte, beschreibt einen Tod im Altenheim, wie er sich mit Sicherheit tagtäglich so oder ähnlich abspielt, einen Tod, an den sie bis heute nur mit Schuldgefühlen denken kann: »Wenn ich gewußt hätte, daß sie an diesem Abend sterben würde, dann hätten ihre letzten Stunden anders ausgesehen.«

So verbinden sich mit dem Tod immer auch Zweifel, Fragen und widerstreitende Gefühle. *Wolfgang Chrosziewski* berichtet hier vom Unfalltod seines jüngeren Bruders, und er stellt dabei auch die Frage nach der eigenen Schuld, nach den Unterlassungen und Versäumnissen, die unsere Beziehung zu nahestehenden Menschen eben auch immer bestimmen. Auch *Ludger Iske*, der in seinem Text den Bericht über die Reanimation eines Patienten in der Klinik verknüpft mit der Erinnerung an den Tod seines besten Freundes, stellt sich eine ähnliche Frage, und er schildert sein Erschrecken darüber, daß da sein Freund ist und stirbt, und ihm scheint, er bleibt so kühl und kann noch nicht einmal weinen.

Ein wichtiger Punkt für mich ist, das Sterben nicht zu verklären und zu idealisieren, wie dies in manchen der in letzter Zeit erschienenen Bücher geschieht. Für Menschen, die Sterbende begleiten, ist es wichtig, eine realistische Vorstellung davon zu bekommen, was auf sie zukommen kann. Die amerikanische Ärztin *Elisabeth Kübler-Ross* beschreibt, wie Sterbende vor ihrem Tod Phasen der Verleugnung, des Zorns, des Verhandelns mit dem Schicksal und der Depression durchmachen, ehe sie dann schließlich eine Phase der Zustimmung erreichen und dem Tod in ruhiger Erwartung entgegensehen. Das Sterben hat aber auch ganz andere Gesichter. Es kann quälend, blutig und schmutzig sein. Der Sterbende kann sich bis zuletzt gegen den Tod auflehnen und verzweifelt um sein Leben kämpfen. Viele Menschen sterben allein in Krankenhäusern oder Heimen, ohne daß jemand in den letzten Stunden bei ihnen ist. Oder aber die anwesenden Angehörigen und Freunde fühlen sich völlig verängstigt, hilflos und dem schrecklichen Geschehen, das sich vor ihren Augen abspielt, in keiner Weise gewachsen.

Alle Idealisierungen des Sterbens sind problematisch, weil sie Menschen, die einen unheilbar Kranken und Sterbenden begleiten, nicht vorbereiten auf das, was auf sie zukommen kann. Der Tod ist nur schwer mit dem Glück zu versöhnen. Er bleibt grausam. Wenn die schreckliche Seite des Sterbens nicht erwähnt wird, überläßt es Angehörige, Freunde und Helfer quälenden Schuldgefühlen, bei der Begleitung des Sterbenden versagt zu haben, wenn der Tod sich nicht so vollzieht, wie wir es erhoffen. Und es erscheint mir auch unmenschlich, den Sterbenden selbst einer Norm des »schönen Todes« unterwerfen zu wollen. Das Vermächtnis eines Lebens bemißt sich nach dem gelebten Leben und nicht nach der letzten Phase, nach der Weise, wie jemand stirbt. Jeder Mensch nähert sich seinem Tod auf ganz eigene Weise an, und wie dies geschieht, hängt von vielen Faktoren ab. Kein Tod ist wie der andere. Das Bewußtsein, daß wir immer nur Begleiter beim Übergang vom Leben zum Tod sind, sollte uns bescheiden machen und uns helfen, den Weg jedes Sterbenden anzunehmen.

Wir sprechen heute gerne von einem »Sterben in Würde« und meinen damit die Umstände des Todes. Aber auch, wenn der Tod unter Bedingungen eintritt, die ganz anders sind, als wir uns das wünschen, bedeutet das nicht, daß dieser Tod etwa nicht würdig wäre. Jedes Sterben hat seine eigene Würde, denn in der Endgültigkeit des Todes zeigt sich die ewige Macht der Natur. Gerade darum gehört es unbedingt zur Verantwortung von Menschen, die Sterbende begleiten, die Umstände des Todes so würdig, liebevoll und hilfreich zu gestalten, wie dies nur irgend möglich ist. *Christoph Mayr*, der vom Sterben und vom Tod eines an Aids erkrankten Mannes berichtet, schildert in wunderbar einfühlsamer Weise die Beziehung zwischen ihm, dem Arzt, und seinem sterbenden Patienten. Hier entsteht jenseits von Aids das Bild eines Todes in Würde, wie er eben auch in der Klinik möglich ist und geschieht.

Viel furchtbarer noch als der Tod von Eltern, Partnern, Freunden erscheint mir der Tod von Kindern. *Rilke* schreibt vom Kindertod: »... den Tod, den ganzen Tod noch *vor* dem Leben so sanft zu enthalten und nicht bös zu sein, ist unbeschreiblich.« Für mich gehören die Berichte über den Kindertod zu den beklemmendsten und erschütterndsten in diesem Buch. *Barbara Künzer-Riebel* schildert hier die quälenden Tage und Nächte, als sie nach erfolgtem Kaiserschnitt in der Frauenklinik lag, getrennt von ihrem schwerkranken Kind, das auf der Kinderintensivstation um sein Leben kämpft und schließlich stirbt, gerade als sie es endlich sehen darf. Mit leeren Händen kommt sie nach Hause. Ihre Klage faßt sie in dem einen Satz zusammen: »Am liebsten wäre ich tot.« In dem Text von *Margit* und *Ralf Handels*, die ihr Kind im Alter von knapp sieben Monaten durch plötzlichen Kindstod verloren haben, mischt sich die Trauer um das tote Kind mit der bitteren und zornigen Anklage gegen den Tod, der es ihnen entrissen hat. Trost finden sie schließlich im Glauben. Und *Barbara Wulf* schildert, wie sie mit ihrem Mann nach dem Unfall ihres Sohnes Benni von ihrem Kind Abschied nimmt, das noch lebt, zugleich aber auch tot ist, ohne Bewußtsein und ohne Hoffnung, jemals wieder aus dem Koma zu erwachen.

Aus der Erfahrung heraus, daß der Tod von Kindern viel schwerer noch zu ertragen ist als der Tod eines nahestehenden Erwachsenen, hat *Karl-Heinz Wehkamp* in den 80er Jahren an der Frauenklinik des Zentralkrankenhauses St.-Jürgen-Straße in Bremen gemeinsam mit Studenten und Kollegen ein Betreuungskonzept für Mütter und Eltern entwickelt, deren Kind vor, während oder unmittelbar nach der Geburt stirbt (man bezeichnet diesen Zeitraum als perinatal). Wesentlicher Punkt dabei ist, daß den Eltern die Möglichkeit gegeben wird, von ihrem toten Kind Abschied zu nehmen, es anzuschauen, zu berühren und im Arm zu halten. Mit diesem neuen Weg, mit dem perinatalen Kindstod umzugehen, haben er und seine Mitarbeiter damals ein Tabu gebrochen, und sie mußten gegen heftigen Widerstand ankämpfen. Inzwischen ist das Konzept allgemein anerkannt.

Obwohl heute die meisten Menschen im Krankenhaus oder ähnlichen Einrichtungen sterben, gibt es auch andere Modelle. Nicht zuletzt unter dem Eindruck eines großen Unbehagens mit unserem heutigen Umgang mit dem Sterben hat sich zunächst in England, später auch in den USA und in Deutschland die sogenannte Hospizbewegung entwickelt. Das erste moderne »Hospiz« wurde 1967 von der Krankenschwester *Cicily Saunders* in einem Londoner Vorort gegründet als ein Heim, das ganz auf die Bedürfnisse von Sterbenden und ihren Angehörigen ausgerichtet sein sollte. Inzwischen gibt es viele Tausende solcher Einrichtungen, die meisten davon in den USA. Wichtiger noch als die Hospizeinrichtungen selbst sind aber vielleicht die Initiativen von Menschen, die sich zum Ziel gesetzt haben, Angehörige und Freunde darin zu unterstützen, Sterbende zu Hause zu pflegen und zu begleiten. *Margret Krueger* und *Sabine Paqué* berichten hier über ambulante Hospizdienste in Deutschland, und sie weisen besonders darauf hin, welche große Rolle die »nichtprofessionelle« Hilfe von Angehörigen und Freunden für Menschen am Ende ihres Lebensweges spielt.

Viele der hier gesammelten Berichte machen deutlich, wie wichtig die Betreuung eines Sterbenden auch für die Angehörigen und Helfer sein kann. Dies setzt jedoch voraus, eine realistische Vorstellung vom Prozeß des Sterbens zu haben und Hilfe und Unterstützung auch von anderen zu bekommen. Das Gefühl, nicht allein zu stehen, Freunde und (Hospiz-)Helfer zur Seite zu haben, ist gerade in solchen Situationen von großer Wichtigkeit. Gemeinsam zu planen und zu überlegen, was wir tun wollen und wie wir als Familie oder Freundesgruppe mit dem Sterben eines geliebten Menschen umgehen wollen, hilft, mit der schwierigen Situation besser fertigzuwerden. Und das Gefühl, alles getan zu haben, was *ich* tun konnte, mich so liebevoll und hilfreich dem Sterbenden gegenüber verhalten zu haben, wie mir möglich war, hilft, das Geschehene zu verarbeiten und die Trauer zu bewältigen.

Ein wichtiger Bereich in der Hospizarbeit ist die Linderung von Schmerzen, insbesondere bei Krebserkrankungen. Viele Konzepte der modernen (Tumor-)Schmerztherapie gehen auf Erfahrungen in englischen und amerikanischen Hospizen zurück. In Deutschland ist es bis heute schlecht um die Behandlung von akuten und chronischen Schmerzen bestellt. Experten schätzen, daß bei uns über zwei Drittel aller Krebspatienten im fortgeschrittenen Krankheitsstadium unzureichend mit Medikamenten versorgt sind und deshalb unter Schmerzen leiden. *Heike Roth* berichtet hier von ihren Erfahrungen mit der Tumorschmerztherapie in einem dänischen Krankenhaus. Anders als in Deutschland werden in Dänemark auch akute Schmerzen oder beispielsweise Schmerzen bei Kindern mit Opiaten (Morphin) behandelt. Das oberste Gebot ist dabei, Schmerzfreiheit zu erreichen. Dieses Grundkonzept bestimmt auch die Schmerzbehandlung bei sterbenden Patienten, denen wesentlich großzügiger als bei uns Opiate zur Linderung von Schmerzen gegeben werden.

Die moderne Medizin hat auch in anderen Bereichen Therapiemöglichkeiten eröffnet, an die bis vor wenigen Jahren kaum zu denken war. Anfang der 60er Jahre wurde in Deutschland die erste Nierentransplantation durchgeführt. Heute werden jährlich über 2 000 Nieren und darüber hinaus etwa 400 Herzen und ebensoviele Lebern übertragen. Der Transplantationsbedarf liegt mindestens doppelt so hoch. Allein dies führt zu ethischen und rechtlichen Problemen, etwa bei der Verteilung der knappen Spenderorgane. Hinzu kommen Probleme, die sich aus der Neudefinition des Todes angesichts der heutigen intensivmedizinischen Möglichkeiten ergeben. Bis zur Mitte dieses Jahrhunderts bildete der Stillstand von Kreislauf, Atmung und Herztätigkeit gleichsam die naturgegebene Grenzlinie zwischen Leben und Tod. Heute bestehen Möglichkeiten, diese Vitalfunktionen aufrechtzuerhalten, auch wenn das Gehirn des Menschen irreversibel geschädigt und ausgefallen ist. Die daraus erwachsene Konzeption des »Hirntodes«, der dann unter bestimmten Bedingungen zur Entnahme von Spenderorganen berechtigt, wird anthropologisch und biologisch begründet. Mit dem endgültigen Ausfall des Gehirns hört der Mensch auf, in seiner Ganzheit, als denkendes, fühlendes, selbstgesteuertes und mit seiner Umgebung kommunizierendes Wesen zu existieren.

Harald Barth beschreibt in seinem Beitrag die schwierige Aufgabe des Arztes, der nach Feststellung des Hirntodes die Angehörigen um die Genehmigung bittet, Organe des noch lebenden, hirnorganisch aber »toten« Ehepartners, Kindes oder Geschwisters entnehmen zu dürfen. Und er schildert auch die Konflikte und Probleme, die sich daraus für die betroffenen Angehörigen ergeben. Angesichts der bis heute geringen Zahl derjenigen, die bereits zu Lebzeiten der Entnahme von Organen im Falle ihres Todes zugestimmt haben (Organspenderausweis), wird die Problematik eines Transplantationsgesetzes, wie es seit Jahren in Deutschland beraten wird, deutlich. Das Vertrauen der Öffentlichkeit in entsprechende Regelungen und deren praktische Handhabung hängt entscheidend auch davon ab, ob die Grundsätze der Organverteilung transparent und nachvollziehbar gemacht werden können.

In dem Maße, wie sich die Grenze zwischen Leben und Tod durch den rasanten medizinischen Fortschritt verschoben hat, stellt sich auch die Frage, ob das Leben um jeden Preis verlängert werden soll. Das Problem, ob die Medizin wirklich alles tun soll und muß, was möglich ist, ist seit langer Zeit Gegenstand der Diskussion zwischen Medizinern, Juristen, Theologen und Philosophen. Die Rechtslage in Deutschland ist eindeutig. Passive Sterbehilfe, also die Nichteinleitung oder der Abbruch lebensverlängernder Maßnahmen, sowie indirekte Sterbehilfe, also beispielsweise die hochdosierte Schmerztherapie mittels Morphin, auch um den Preis einer eventuellen Beschleunigung des Sterbeprozesses, sind zulässig und in vielen Fällen sogar geboten. Immer wieder wird darüber hinaus aber die Frage aufgeworfen, ob Sterbehilfe auch im Sinne der »Tötung auf Verlangen« ermöglicht werden sollte. Anders als etwa in Holland ist dies in Deutschland rechtlich nicht zulässig.

Geht man von Umfragen aus, so scheint die große Mehrheit der Deutschen sich für ein selbstbestimmtes Sterben auszusprechen, das auch das Recht zur Euthanasie einschließt. Auch führende Wissenschaftler wie etwa der Theologe *Hans Küng* und der Literaturwissenschaftler *Walter Jens* plädieren für ein Recht auf aktive Sterbehilfe. Abgesehen davon, daß die Euthanasiedebatte in Deutschland nach den auch unter diesem Begriff verübten Verbrechen im »Dritten Reich« besonders problematisch erscheint, gibt es aber eine Reihe ethischer Überlegungen, die gegen ein solches Euthanasieverständnis sprechen. Eine davon ist, daß unter dem Druck steigender Gesundheitskosten und der zunehmenden Überalterung der Bevölkerung die Gefahr besteht, das Gebot des Lebensschutzes für alte, kranke und behinderte Menschen zweckrationalen Erwägungen zu opfern. *Manfred Schleker* setzt sich in seinem Beitrag insbesondere mit den Thesen des australischen Bioethikers *Peter Singer* auseinander, der den entsetzlichen Begriff des »unwerten Lebens« in die Debatte um die Euthanasie wieder eingeführt hat, und er plädiert zu Recht dafür, Werte wie Liebe, Güte und Barmherzigkeit wieder stärker zu beachten. Dies erfordert Hilfe im Sterben, also ausreichende Schmerztherapie, liebevolle Begleitung und Fürsorge, aber es schließt die aktive Tötung aus.

Was schließlich muß nach dem Eintritt des Todes getan werden? Wie gehen wir mit dem Toten um? Die traditionellen Verrichtungen wie das Schließen der Augenlider, die Totenwache, das Waschen und Bekleiden des Leichnams sowie die überlieferten Formen des Totengeleits und der Bestattung sind uns kaum noch vertraut. Die meisten Menschen rufen sofort, wenn ein Angehöriger oder Freund verstorben ist, das Beerdigungsunternehmen, damit der Leichnam abgeholt wird und die notwendigen Formalitäten erledigt werden. Sie wissen nicht, daß alle diese Dinge Zeit haben. Der Tote kann länger als einen Tag in der Wohnung verbleiben, so daß Zeit und Raum ist, von dem Verstorbenen Abschied zu nehmen. Viele Verrichtungen im Zusammenhang mit dem Herrichten des Leichnams und der Beerdigung können die Angehörigen und Freunde selbst erledigen. Und auch die Form und den Ablauf der Beerdigung können wir im gewissen Rahmen selbst bestimmen.

Dies allerdings setzt voraus, daß wir überhaupt wissen, welcher Sinn dem Ritual der Bestattung innewohnt und welche Möglichkeiten der Ausgestaltung einer Beerdigung oder Trauerfeier es gibt. *Ulrich George* schildert in seinem Beitrag aus der Sicht des Seelsorgers die verschiedenen Bestattungsformen, die Möglichkeiten der Trauerfeier, die verschiedenen Rituale der Beisetzung sowie die Sitte des »Leichenschmauses«. Das öffentliche Bestattungs- und Trauerritual, dessen Tradition zeitlich weit vor das Christentum bis in die Frühzeit zurückreicht, hat eine wichtige Bedeutung. Die Trauernden sollen sich geborgen fühlen in der Anteilnahme der Gruppe, die sich ihnen tröstend und unterstützend zuwendet. Die Lebenden bestätigen ihre Verbundenheit und Gemeinschaft angesichts der Angst, die der Tod auslöst. Der Leichnam, die leere Hülle, wird in die Erde gebettet, und der Tote wird in die Gemeinschaft der Toten gegeben. Indem wir den Toten ehren, verneigen wir uns zugleich vor der Macht des Todes, der wir uns alle werden beugen müssen, wenn unsere Zeit gekommen ist.

Dieses »memento mori«, das Gewahrwerden der Endlichkeit des eigenen Lebens angesichts des Todes anderer, ist uns heute weitgehend verlorengegangen. Weder mit dem Sterben noch mit dem Tod sind wir mehr vertraut. Dies war ein Grund für mich, dieses Buch zusammenzustellen. Es ist ein reiches Buch geworden, ein Buch, das bewegt, erschüttert und doch auch tröstlich und voller Hoffnung ist. Die Arbeit an diesem Buch hat mich viel mehr gefordert und innerlich umgetrieben, als ich anfangs je geglaubt hätte. So oder ähnlich mag es auch den Lesern gehen. Die Beschäftigung mit dem Sterben und dem Tod ist etwas, das uns zutiefst betrifft und bewegt. Aber vielleicht gerade, weil der Tod uns heute so fremd und auch beängstigend geworden ist, fällt es auch schwer, sich seiner Faszination zu entziehen.

Ich habe viele Menschen angesprochen und gebeten, mir für dieses Buch Berichte über ihre ganz persönlichen Erfahrungen im Umgang mit dem Tod zur Verfügung zu stellen. Anfangs ist mir das schwergefallen, weil ich das Gefühl hatte, in einen sehr privaten und persönlichen Bereich einzudringen. Diese Scheu hat sich jedoch bald verloren, als ich die Erfahrung machte, daß die Anregung, persönliche Erlebnisse aufzuschreiben, von den meisten gerne aufgenommen und als sehr hilfreich, ja manchmal sogar als befreiend erlebt wurde. Ich danke allen, die mir ihre Berichte anvertraut haben. Sie haben damit dieses Buch ermöglicht. Einige von ihnen kenne ich schon lange und bin ihnen freundschaftlich verbunden. Andere sind in dem Prozeß der Entstehung des Buches zu Freunden geworden. Ich bewundere den Mut und die Offenheit, mit der einige von ihnen hier sehr persönliche und auch verunsichernde Erfahrungen mitteilen. Und ich bin froh, daß sie es tun, denn ich glaube, nur dies bietet anderen Hilfe beim Umgang mit dem Sterben und dem Tod.

Das Wissen darum, daß wir sterben müssen, kann auch Angst nehmen und helfen zu leben. Angesichts der Endgültigkeit des Todes erscheinen viele Ängste, Sorgen und Nöte klein und unbedeutend. Zugleich unterstreicht das Bewußtsein der Zeitlichkeit des Lebens die große Bedeutung der Liebe zu anderen Menschen und verweist uns nachdrücklich darauf, im »Hier und Jetzt« zu leben. Beinahe alle, die andere in ihrem oft auch schweren Sterben begleitet haben, berichten, wie wichtig dies für sie und ihr weiteres Leben gewesen ist. Ein wenig von dieser Erfahrung wünsche ich den Menschen, die dieses Buch in die Hand nehmen und lesen. Und ich wünsche mir darüber hinaus, daß es auch eine Quelle der Tröstung und der Hoffnung ist.

Kein Mensch weiß, wie er dem Tod dereinst gegenübertreten wird. Für mich ist die Gewißheit, Teil eines ewigen Kreislaufs der Natur zu sein, tröstlich und faszinierend zugleich. Ich denke dabei an die Worte des sterbenden Talbot aus *Schiller*s »Jungfrau von Orléans«:

»Bald ist's vorüber, und der Erde gebe ich, dem ew'gen Kosmos, die Atome wieder, die sich in mir zu Schmerz und Lust gefügt.«

Bosau, im November 1996　　　　　　　　　　　　　　　　Oskar Mittag

Wie wir sterben

Der letzte Tanz

Bettina Dolezalek-Pohl

Ich war 23 Jahre alt, gerade ein paar Monate verheiratet, als sich herausstellte, daß mein Mann einen Gehirntumor hatte. Der Tumor wurde entfernt, und man teilte mir nach der gut verlaufenen Operation mit, daß mein Mann in einem halben Jahr wieder ganz gesund sein würde. In dieser Zeit war aber schon klar, daß er keine Überlebenschance hatte. Da mein Mann selber Arzt war, informierte er sich über seinen Zustand, erzählte mir aber nichts davon. Nun lebte ich naiv und hoffnungsvoll vor mich hin; ihn aber quälten Selbstvorwürfe und Zweifel, weil er seine junge Frau in so eine dramatische Situation gebracht hatte.

Es tut mir im Nachhinein sehr leid, daß wir nicht schon in dieser Zeit offen und ehrlich über unsere Gefühle sprechen konnten. Mit der Blindheit einer jungen Ehefrau, die ihren geliebten Mann mit Eifer pflegt und hegt, und mit dem vollen Vertrauen den Ärzten gegenüber, bemerkte ich kaum, daß sich der Zustand meines Mannes immer mehr verschlechterte. An die gelegentlich auftretenden Krämpfe hatte ich mich gewöhnt, und wenn er darüber klagte, daß seine linke Körperhälfte immer schwächer wurde, habe ich ihn ermuntert, doch Geduld mit sich zu haben.

Ich habe mich später erkundigt, warum man mir nicht von Anfang an die Wahrheit über den Zustand meines Mannes gesagt hatte. Die Antwort war, daß man den Sterbenden und ihren Angehörigen eine angenehme Zeit bescheren möchte und ihnen ersparen will, sich mit dem Tod auseinanderzusetzen. Wie kann man so etwas tun? Wenn man sich als Angehöriger nicht vorher mit dem Tod auseinandersetzt, muß man es danach tun. Dem Sterbenden aber nimmt man die Gelegenheit, sich mit diesem wichtigen Abschnitt des Lebens zu beschäftigen.

Ich bin einer der glücklichen Menschen, die ohne Angst vor dem Tod auf die Welt gekommen sind. Außerdem bin ich sehr gläubig. Schon solange ich denken kann, habe ich das, wo ich vor meiner Geburt war und wo ich nach meinem Tod hingehen werde, als meine wahre Heimat angesehen. Das hat mich aber nicht davon abgehalten, dieses Leben voller Freude zu durchwandern, und es hat mich mit einem großen Schmerz erfüllt, nun einen mir so nahestehenden Menschen, mit dem ich ja mein Leben geplant hatte, zu verlieren.

Als der Zustand meines Mannes zu schlimm wurde und die Krämpfe immer länger und häufiger wurden, wandte ich mich hilfesuchend an die Klinik. Mein Mann wurde eingeliefert, und eine junge Ärztin sagte mir, daß keine Chancen bestünden, daß er wieder gesund würde. Die Ärzte rechneten damit, daß mein Mann nur noch wenige Tage zu leben hatte. Da er selber Angestellter dieser Klinik war, wurde er auf eine Privatstation verlegt. Dort habe ich ihn auf seinen Tod angesprochen. Es war nicht leicht für uns, aber doch auch sehr befreiend. Mein Mann hatte seinen Sohn aus erster Ehe mit in unsere Beziehung gebracht, und es war uns beiden ein großes Bedürfnis, über die Zukunft dieses Kindes zu sprechen.

Mein Mann lebte nun doch noch sechs Wochen, die ich mit ihm verbrachte. Ich möchte diese Zeit nicht missen, und sie ist wie ein wunderbarer Schatz in meiner Erinnerung. Wenn ich darüber berichte, möchte ich aber auch die Dinge beschreiben, die sich mir in den Weg gestellt haben.

Jeder Mensch hat das Recht, einen würdigen Tod zu erleben, und soweit es seine Krankheit zuläßt, in einem klaren Zustand. Mit dieser Einstellung habe ich mich neben das Bett meines Mannes gesetzt. Sein Zustand wurde sehr schlecht. Wir bekamen Besuch von einer von uns sehr geliebten Tante. Mit ihr zusammen blieb ich die erste Nacht in der Klinik. Auch in der zweiten Nacht blieb sie noch bei uns und hat mir damit geholfen, meinen Entschluß zu festigen, auch in den Nächten bei meinem Mann zu bleiben. Ich mußte mir aber selber eine Liege besorgen, weil es von seiten der Klinik nicht vorgesehen war, daß Angehörige bei dem Sterbenden bleiben.

In einer großen Universitätsklinik ist alles durchorganisiert. Der Patient muß »pflegeleicht« sein. Mein Mann bekam Morphium gegen die Schmerzen. Er hatte nach der Operation aber nie Schmerzen gehabt. Das Morphium verstörte ihn sehr. Er zog seinen Penis aus der Urinflasche und urinierte ins Bett. Er wurde unruhig und erzählte wirre Dinge. Es war ihm peinlich, daß die Schwestern dauernd sein Bett neu beziehen mußten, und die wenige Kommunikation, die zwischen uns trotz seiner Schwäche noch möglich war, wurde auch noch eingeschränkt. Ich bat die Ärzte, das Morphium einzustellen. Ich glaube, sie waren mehr erstaunt, daß eine junge ahnungslose Frau ihnen so einen Vorschlag machte, als daß sie von der Richtigkeit dieses Vorschlages überzeugt waren. Es stellte sich heraus, daß mein Mann keine Schmerzen hatte.

Ich hatte den Wunsch, mit meinem Mann wieder in unsere Wohnung zu ziehen. Er aber, da er ja nun auch viele Jahre im Krankenhaus gearbeitet hatte, wünschte sich, im Krankenhaus zu bleiben. Ich versuchte nun, auch dort eine schöne Atmosphäre zu schaffen. Mein Mann liebte Musik. Ich sorgte dafür, daß wir hin und wieder ein schönes Konzert hören konnten. Ich malte ihm ein Bild, in dem ich versuchte, meine Gefühle zu ihm auszudrücken, und stellte es im Zimmer auf. Das Wichtigste aber war, daß ich bei ihm sein konnte.

Da ich die Krankenhauskost für einen Sterbenden nicht geeignet fand, legte ich einen kleinen Vorrat an Kompotten und Obstbreien an. Ich besorgte ein gutes Massageöl, da die Haut meines Mannes langsam austrocknete. Ich massierte ihn oft, was er sehr genoß.

Natürlich läuft in einer großen Klinik alles routinemäßig ab. Es wird zu einer bestimmten Zeit geputzt, das Bett gemacht, der Patient gewaschen. Dreimal am Tag wird Essen gebracht, dreimal das Geschirr geholt, die Visite wird durchgeführt, es wird mehrmals das Fieber und der Blutdruck gemessen, Medikamente werden verabreicht oder Eisbeutel aufgelegt. Die Ärzte und Schwestern treten frisch und dynamisch auf.

Ich habe versucht, diese Unruhe so weit wie möglich von uns fernzuhalten. Ich habe mich mit den Ärzten und Schwestern geeinigt, viele pflegerische Aufgaben zu übernehmen. Ich habe meinen Mann selber waschen und füttern dürfen. Ich brauchte nur einmal am Tag das Fieber zu messen und konnte es tun, wenn er wach war. Das war aber alles nicht selbstverständlich, und ich bin manches Mal empört zum Oberarzt gerauscht, um ihn zur Rede zu stellen.

Ich wollte nicht, daß man das Sterben meines Mannes durch Medikamente beeinflußte. Da er keine Schmerzen hatte, brauchte er kein Morphium. Manchmal erhöhte sich der Druck in seinem Kopf durch zu viel Gehirnflüssigkeit, und er bekam einen Brechreiz. Manchmal hatte er einen Krampf. Die Krämpfe dauerten nur wenige Sekunden, und er war danach entspannt. Da ich immer bei ihm war, konnte ich ihm den Gummikeil in den Mund schieben, damit er sich nicht auf die Zunge biß.

Ich hatte auch gar kein Verständnis dafür, daß ein Mensch unbedingt mit 37 °Celsius Körpertemperatur sterben muß. Es war ein kleiner Kampf um jede Spritze und jede Pille. In einer Klinik werden schwerkranke Menschen so »präpariert«, daß ihnen so wenig wie möglich passieren kann, wenn kein Personal bei ihnen ist. Bleibt ein Angehöriger die ganze Zeit bei dem Patienten, entsteht eine neue Situation. Es muß möglich werden, daß auch in einer modernen Klinik der Freiraum bleibt, einen Menschen so natürlich wie möglich sterben zu lassen. Die Menschen müssen lernen, sich mit dem Tod auseinanderzusetzen, ihn als einen wichtigen Teil ihres Lebens zu akzeptieren. Sie müssen erkennen, wie wertvoll es ist, einen Menschen das letzte Stück seines Lebensweges zu begleiten, und von seiten der Klinik muß ihnen dazu Möglichkeit gegeben werden.

Mein Mann und ich haben in dieser letzten Zeit seines Lebens eine wunderbare zarte Beziehung zwischen uns geschaffen. Als er nicht mehr sprechen konnte, brauchten wir nur noch Blicke und Gesten, um uns zu verständigen. In den ersten Nächten, die ich bei ihm verbrachte, habe ich sehr unruhig geschlafen, weil ich Angst hatte, daß er meine Hilfe brauchen und ich es nicht merken würde. Bald aber hatte ich die Gewißheit, daß ich immer zur richtigen Zeit wach wurde.

In der Anfangszeit des Klinikaufenthaltes bat mein Mann mich manchmal, nachts mit in sein Bett zu kommen. Zuerst bekam ich einen Schreck und war mir ganz unsicher, ob ich ihm diesen Wunsch erfüllen könnte. Ich bin froh, daß ich es getan habe. Wenn ein Mensch gestorben ist, kann man noch an ihn denken, man kann Erinnerungen hervorrufen und sich mit ihm geistig verbunden fühlen. Aber mit Zärtlichkeit berühren kann man ihn nicht mehr.

Der letzte Tanz

Die Indianer nennen die Zeit, die ein Mensch vor seinem Tod durchlebt, »den letzten Tanz tanzen«. Dieser letzte Tanz ist der Spiegel des Lebens. Er kann gefaßt und friedlich, er kann auch schmerzhaft und wild sein. Mein Mann hat einen recht stillen Tanz geführt. Manchmal war er auch heiter, wenn er sich an schöne Dinge seines Lebens erinnerte.

Aber auch die Schatten blieben nicht aus. In seinem Gesicht standen Angst, Schmerz und Hoffnungslosigkeit. Man kann einem Sterbenden diese Auseinandersetzung nicht abnehmen, man kann ihm nur die Hand reichen und bei ihm sein. Ich habe auch später noch bei Sterbenden erlebt, mit wieviel Dankbarkeit und erstaunlicher Festigkeit diese Hand ergriffen wurde.

Nachdem mein Mann seinen »letzten Tanz« beendet hatte, hatte sich auch in ihm der Widerstand gegen den Tod gelöst. Ich habe es sofort gemerkt. Eines Morgens schaute ich ihn an und dachte, er geht jetzt und läßt mich und seinen Sohn einfach zurück. Diese Enttäuschung aber machte sogleich einer Ehrfurcht Platz, als ich diesen Menschen vor mir betrachtete.

Voller Ergebenheit und Frieden ist mein Mann in einer Nacht, kurz vor seinem 38. Geburtstag, gestorben. Sein Körper, der da im Bett lag und nicht mehr atmete, war nicht das, was ich an ihm geliebt hatte. Das, was ich an ihm geliebt hatte, war auf dem Weg zu jenem Ort, zu dem auch ich einmal heimkehren werde. Es ist jener Ort, von dem aus Menschen Liebe, Mut und Hoffnung zufließen soll. Wir müssen nur unsere Herzen dafür öffnen.

Ruth

Jens & Christine Dolge

Ich berichte über meine Schwester Ruth, die im Alter von 48 Jahren an Brustkrebs starb. Meine Frau ist Krankenschwester, ich bin Krankenpfleger. Wir haben Ruth zu Hause gepflegt und sie bis zu ihrem Tod im Krankenhaus begleitet.

Ruth war eine musische, gefühlsbetonte und friedliebende Frau, immer auf der Suche nach Harmonie und Liebe. Da sie beides anscheinend nicht bekam, flüchtete sie sich in viele Krankheiten. In den letzten 20 Jahren ließ sie viele Untersuchungen über sich ergehen. Es wurde nie etwas gefunden. Ruth wechselte häufig ihre Hausärzte, war ständig in Behandlung. Trotzdem wurde der Brustkrebs bei Ruth erst in einem weit fortgeschrittenen Stadium entdeckt. Niemand hatte ihre Beschwerden mehr ernst genommen.

Im Dezember 1992 wurde ihre linke Brust amputiert. Die Ärzte legten ihr anschließend nahe, ein Testament zu machen. Ruth und meine Familie waren über so viel Offenheit entsetzt. Dann wurde dieses Thema verdrängt. Über Tod und Sterben spricht »man« nicht.

Meine Frau und ich wußten aus langer beruflicher Erfahrung, was auf Ruth, meine Familie und letztlich auch auf uns zukommen würde. Ruth und viele aus der Familie hatten Hoffnung auf Heilung, zumal die nächsten zwei Jahre, mit Ausnahme von Chemotherapien und Bestrahlungen, in relativer Beschwerdefreiheit verliefen. Im November 1994 waren weitere Operationen erforderlich. Ruth vertrug die Chemotherapien immer schlechter, und es bildete sich ein Lymphödem am linken Arm. Zusätzlich kam es zu offenen Geschwüren im Brustbereich. Auch die Schmerzen wurden immer stärker.

Im Mai 1995 lag Ruth in einer Universitätsklinik. Sie war psychisch am Ende und weinte sehr oft. Sie wollte nach Hause. Vielleicht auch nach Hause, um zu sterben? Aber Ruth sprach sich nie so deutlich über ihren Zustand aus, obwohl die Ärzte keinen Zweifel daran ließen, daß nur ein Wunder sie heilen könnte. Auch den körperlichen Verfall spürte Ruth jetzt immer mehr und reagierte mit einer Aggressivität gegen das Pflegepersonal, die uns erschütterte, denn so kannten wir sie nicht.

Sie mißtraute den verabreichten Medikamenten, hatte zwischenzeitlich eine Homöopathin konsultiert und war nun zwischen Schulmedizin und Naturheilverfahren hin- und hergerissen. Dabei mußte sie doch erkennen, daß weder das eine noch das andere die ersehnte Heilung bringen konnte.

Wir organisierten während dieser Zeit alles für die Pflege zu Hause. Wir wollten Ruth ein würdiges Sterben zu Hause ermöglichen. Meine Frau bemühte sich um die Hilfe von außen, d. h. ärztliche Betreuung, Gemeindeschwester, Sozialstation, Krankenbett usw. Ich kümmerte mich um die Verteilung der Aufgaben innerhalb meiner großen Familie. Jeder hatte eine bestimmte Aufgabe. War z. B. eine Schwägerin durch ihre Kinder zu Hause gebunden, kochte sie für Ruth das Essen. Jemand mit einem Auto brachte es zu Ruth. Urlaub wurde so abgesprochen, daß immer jemand für Ruth Zeit hatte.

Es war für alle schwer, einen nahen Verwandten so qualvoll sterben zu sehen. Die meisten hatten noch nie mit schwerstkranken oder sterbenden Menschen zu tun gehabt. Manchmal überfiel auch uns die Traurigkeit dieser Situation, aber es erstaunte und erschreckte mich zugleich, daß dies meist nur von kurzer Dauer war. Ich fragte mich dann, ob ich überhaupt traurig genug bin. Zum einen war ich der Krankenpfleger, der mitfühlen aber nicht mitleiden darf, zum anderen war ich der Bruder, der doch mitlitt.

Wir waren uns sicher, daß wir es schaffen würden, Ruths verbleibende Zeit in ihrer häuslichen Umgebung würdig gestalten zu können. Ein Krankenbett lehnte Ruth ab, da sie es sofort mit dem Fortschreiten der Krankheit verband und Angst hatte, in ein Nebenzimmer gestellt zu werden. Erst als wir ihr klarmachten, daß es zur optimalen Pflege unerläßlich sei und es im Wohnzimmer stehen würde, willigte sie ein.

Sie kam Anfang Juni aus der Uniklinik nach Hause. Morgens wurde sie von meiner Frau und der Gemeindeschwester betreut, abends versorgte ich sie. Meine Schwester war in dieser Zeit sehr stark auf uns fixiert, als wären wir ihre letzte Hoffnung. Doch über das Sterben und über den Tod konnte oder wollte sie auch mit uns zu diesem Zeitpunkt nicht sprechen. Ich erinnere mich daran, daß sie sagte: »Belügt mich ruhig, aber sagt mir bloß nicht die Wahrheit!« Manchmal gab sie in der Frage die Antwort gleich mit: »Die Wunden sehen doch schon viel besser aus?!« Anfangs nahm ich mir auch vor, sie nicht zu belügen. Ich merkte dann aber, daß es besser ist, mit der Wahrheit etwas zurückhaltender zu sein, ohne dabei falsche Hoffnungen zu wecken.

Wir ließen Ruth nicht mehr allein. Sie verlangte es auch so. Sie wollte nicht einmal allein im Zimmer sein und rief sofort, auch wenn man nur in der Küche für sie einen Tee kochte. Für Ruth war es sehr wichtig, daß jemand nur für sie da war, ihr das Kissen aufschüttelte, einen kühlen Umschlag machte, vorlas oder nur still dasaß. Bei diesen Tätigkeiten prüfte und beobachtete sie denjenigen genau, ob es ihm vielleicht unangenehm war, denn es gab innerhalb der Familie Berührungsängste. Darauf reagierte sie mit Aggressionen und Unverständnis. Wir mußten den Familienmitgliedern Ruths aggressives und unzufriedenes Verhalten, das bisher keiner von ihr kannte, erklären. Trotzdem konnten einige aus der Familie damit nicht umgehen. Sie zogen sich zurück und machten nur noch Kurzbesuche.

Uns fiel auf, daß Ruth Personen, von denen sie sich immer Aufmerksamkeit und Liebe erhofft hatte, jetzt stärker in die Pflicht nahm als andere. Einige machten ihr alles recht, andere machten ihrer Meinung nach alles falsch und nahmen nicht genug Anteil an ihrer Krankheit. Es gab aber auch Momente, in denen sie zufrieden war und wo trotz aller Traurigkeit auch gelacht werden durfte.

Ihre Schmerzen wurden immer stärker und bereiteten uns große Probleme. Hinzu kam, daß Ruth ihre Morphindosis selbst bestimmte und bewußt niedrig hielt, zum einen weil sie wach sein wollte, zum anderen wußte sie genau, daß die Erhöhung der Morphindosis eine Krankheitsverschlechterung anzeigte. Sie wartete mit der Einnahme der Medikamente so lange, bis sie die Schmerzen nicht mehr aushielt, obwohl wir ihr ständig erklärten, daß durch eine regelmäßige Einnahme der Schmerzmittel ihre Schmerzen erträglicher wären. Doch wir konnten sie nicht davon überzeugen.

Zeitweise dachte ich, Ruth hätte ihre Krankheit angenommen. Sie sagte: »Ich glaube, es wird nichts mehr mit mir!« Wir glaubten, sie wolle nun über das Sterben und den Tod mit uns sprechen. Doch dann blockte sie wieder ab. Sie fragte mich: »Muß ich sterben?«, aber bevor ich antworten konnte, sagte sie zu mir: »Sag nichts!« Ich fühlte, wie sie am Leben hing, nach jedem Strohhalm griff und nicht loslassen konnte. Zwischenzeitlich schmiedete sie immer wieder Zukunftspläne. Sie wollte zum Beispiel wieder malen, sobald es ihr etwas besser gehe. Sie wollte nicht sterben, sie wollte ihr furchtbares Schicksal nicht akzeptieren.

Die Pflege gestaltete sich immer schwieriger, weil Ruth wichtige Hilfsmittel ablehnte, wie z. B. eine Antidekubitusmatratze oder andere Lagerungshilfen. Was vielen unserer Patienten Erleichterung verschaffte, bereitete Ruth Schmerzen und Unbehagen. Die Schmerzbehandlung war mittlerweile völlig außer Kontrolle geraten. Ruth hielt sich weder an unsere Ratschläge, noch an energisches Zureden ihres Hausarztes. Eine Umstellung auf Spritzen lehnte sie ab. Sie jammerte vor Schmerzen. Wir merkten, wie wir und vor allem die Familie durch diese Situation überfordert waren. Wir hatten einen ganzen Tisch voller Schmerzmittel und mußten doch zusehen, wie Ruth litt.

Wir mußten unseren Wunsch aufgeben, Ruth zu Hause zu pflegen und sie in ihrer gewohnten Umgebung sterben zu lassen. Auch der Hausarzt lehnte die weitere Verantwortung ab. Ruth wollte nicht wieder ins Krankenhaus, willigte aber auf Drängen des Hausarztes schließlich ein. Sie sagte, wenn ihre Schmerzen weniger würden, käme sie in ein paar Tagen wieder nach Hause. Wir sagten ihr, wie wichtig die ärztliche Betreuung rund um die Uhr für eine richtige Schmerztherapie ist, und ahnten zugleich, sie wird es nicht mehr nach Hause schaffen.

Die ersten zwei Tage im Krankenhaus schlief Ruth fast nur. Als wir sie zum erstenmal besuchten, hatten wir beide ein schlechtes Gewissen, denn eigentlich war sie ja gegen ihren Willen dort. Wir stellten uns Fragen und machten uns Vorwürfe: Haben wir denn wirklich alles getan, um Ruth zu Hause zu pflegen? Haben wir etwas falsch gemacht? Haben wir uns und die Familie und letztlich auch Ruth überfordert? Haben wir falsche Hoffnungen geweckt?

Als wir das Zimmer betraten und Ruth friedlich schlafen sahen, wußten wir, daß dies die vernünftigste Entscheidung war. In den folgenden Tagen beobachteten wir bei einigen aus der Familie, wie die psychische Überforderung einer gewissen Entspannung wich. Wir sahen, daß auch Ruth, als sie wieder wacher wurde und weniger Schmerzen hatte, viel entspannter war. Sie verband dies aber sofort mit Heilung und schob Sterben und Tod wieder weit von sich.

Ihr Zorn und Mißtrauen richtete sich derweil gegen das Pflegepersonal der Station. Zum Stationsarzt faßte sie aber Vertrauen. Wir waren täglich mehrere Stunden in der Klinik, um Ruth nicht das Gefühl zu geben, abgeschoben zu sein. Gleichzeitig wollten wir auch das Pflegepersonal entlasten.

Nach zwei Wochen verschlechterte sich ihr Zustand deutlich. Es kam jetzt häufiger zu schwallartigen Blutungen aus den großen Wunden im Brustbereich, und es sammelte sich immer mehr Flüssigkeit in der Lunge. Sie bekam dadurch Luftnot und war zu schwach, um das Bett zu verlassen. Sie war jetzt zwar in einem Dämmerzustand, aber auf Ansprache voll orientiert. Da die meisten pflegerischen Aufgaben für uns ja entfielen, haben wir in diesen Stunden Ruth viel aus ihrem Lieblingsbuch vorgelesen, sie erzählen lassen oder einfach nur ihre Hand gehalten.

Wir spürten, daß ihr Tod näher kam. Auch Ruth spürte das, denn sie begann, sich von Verwandten und Freunden zu verabschieden. Sie sagte, sie möchte bestimmte Personen noch einmal sehen, dann wiederum sagte sie: »Nehmt mich mit zu euch nach Hause, dann werde ich wieder gesund.« Solche Sätze machten uns sprachlos und hilflos. War es auf die Medikamente zurückzuführen, oder hatte sie ihre Lage wirklich immer noch nicht erkannt?

Ruth war jetzt fünf Wochen in der Klinik. Es war Samstagabend. Sie war nicht mehr ansprechbar. Höchste Atemnot plagte sie. Wir beschlossen, die Nacht über in der Klinik zu bleiben. Ihr Tod war nahe. Wir haben mit ihr geredet, ihr vorgelesen und ihre Hand gehalten. Ich fühlte, daß sie es spürte. Ich bedauerte sehr, daß kein offenes Gespräch zwischen uns stattgefunden hat. Kein Gespräch, das ihr vielleicht die Angst erträglicher gemacht hätte.

Gegen Morgen sagte sie plötzlich zu uns: »Ich kann nicht sterben!« Ich fragte: »Hast du Angst vor dem Sterben?« »Nein«, sagte sie. Ihre Stimme war schwach, doch sie klang nun erleichtert und befreit. Wir sprachen nur ein paar Sätze, über ein Leben nach dem Tod, daß sie vielleicht bereits verstorbene Verwandte wiedersehen wird und daß sie es dort vielleicht besser haben wird. Sie wirkte irgendwie gelöst. Auch Schmerzen hatte sie keine mehr. Dann schickte sie uns nach Hause. Sie wollte allein sein. Wir haben ihren Wunsch respektiert und sind gegangen. Wir waren sehr müde. Und wir waren auch erleichtert. An diesem Morgen ist Ruth gestorben.

»Ich finde das schön, daß man das kann ...«

Marianne Muntau

»Meine Mutter bekam plötzlich Blutungen. Sie ist zum Arzt gegangen und dann gleich ins Krankenhaus gekommen. Dort haben sie festgestellt, daß da ein großer Tumor ist, der wohl nicht mehr operiert werden konnte. Sie ist dann erst einmal wieder nach Hause gekommen, auch um Dinge zu klären.

Wir hatten das irgendwie schon gemerkt. Meine Eltern feierten damals gerade ihren 40. Hochzeitstag. Meine Mutter hatte in der Zeit immer mehr abgenommen und abgebaut. Erst haben wir gedacht, das ist die ganze Aufregung. Aber schließlich haben wir doch gemerkt, daß sie krank ist, obwohl sie eigentlich nichts gesagt hat.

Sie ist dann wieder ins Krankenhaus gekommen und hat Radiumeinlagen bekommen und Kobaltbestrahlungen. Ihr sind die Haare ausgegangen, und sie bekam eine Perücke. Für sie war das ganz schlimm. Aber sie hat die ganze Prozedur überstanden und dann noch drei Jahre gut gelebt.«

»War das eine schöne Zeit?«

»Eigentlich ja, obwohl wir alle gewußt haben, daß die Krankheit weitergeht. Aber wir haben damals sehr bewußt mit unserer Mutter gelebt.

Dann ist sie gestürzt und hat sich einen Lendenwirbel gebrochen. Im Krankenhaus haben sie zuerst gedacht, es ist Knochenkrebs. Aber sie hatte einen faustgroßen Tumor in der Lunge. Und außerdem im ganzen Körper Metastasen. Zuerst hat sie einige Zeit im Gipsbett gelegen, und dann ist sie wegen der Lunge in ein anderes Krankenhaus verlegt worden. Dort hat man überlegt, ob man vielleicht die halbe Lunge wegnehmen kann.

Erstmal ist sie dann wieder zu Hause gewesen für eine kurze Zeit, aber es ging ihr nicht gut. Sie konnte nicht richtig sitzen und hat immer gesagt, sie hat einen Stein im Rücken und kann sich nicht anlehnen. Sie hatte fürchterliche Schmerzen und wollte eigentlich nichts mehr machen lassen. Aber wir haben immer wieder gesagt, vielleicht hilft es dir ja. So ist sie wieder ins Krankenhaus gegangen.

Erst sollte sie operiert werden, aber dann hieß es, das geht nicht mehr. Der Krebs war zu weit fortgeschritten. Sie sollte sich für eine Chemotherapie entscheiden. Sie hat immer gesagt, was soll das noch, das ist doch nur Quälkram. Aber wir haben ihr zugeredet und gesagt, das wäre doch noch einmal eine Chance.«

»Aber sie wollte eigentlich nicht?«

»Nein, sie hat gesagt, sie hat Schmerzen, und sie hat das Gefühl, daß es von einer Chemotherapie nicht besser wird. Aber letztendlich hat sie das doch gemacht. Sie war dann immer eine Woche in Großhansdorf und drei Wochen zu Hause. Im Dezember eine Woche, im Januar eine Woche, im Februar eine Woche. Und dann haben wir schon gemerkt, daß unsere Mutter immer weiter abbaut. Die Haut im Gesicht wurde immer grauer und immer faltiger, und die Hände wurden immer dünner.

Schließlich konnte sie nicht mehr essen, weil sie fürchterliche Halsschmerzen hatte. Sie hat immer gesagt, es brennt so, als ob der Körper von innen aufbrennt. Der Arzt gab ihr dann eine Spritze und hat gesagt, ich weiß auch nicht, was ich noch machen kann. Ob wir sie nicht in ein Heim oder ins Krankenhaus geben wollten.

Also, wir haben schon gemerkt, daß es zu Ende geht mit unserer Mutter. Sie war immer ein Kämpfer, und sie hat gesagt, sie kann es noch. Aber wir haben es gemerkt. Sie konnte nicht mehr gehen, also nur noch so in der Wohnung. Sie hat nicht mehr gekocht. Wir haben uns dann zusammengesetzt und überlegt, was passiert dort im Krankenhaus. Sie ist dort ja alleine.«

»Wer war das alles?«

»Meine Schwester und meine zwei Brüder. Und unser Vater ...«

»War die Mutter auch dabei?«

»Ja, die ganze Familie war zusammen. Und wir haben überlegt, was wir nun machen. Mein Vater hat gesagt, das kommt überhaupt nicht in Frage, daß sie ins Krankenhaus kommt. Meine Mutter wollte auch nicht.

Wir haben dann gesagt, wir werden uns abwechseln. Solange wir es alleine schaffen, wollen wir es alleine machen. Dann haben wir mit unseren Familien gesprochen, wann der beste Tag ist, und wir haben einen Wochenplan gemacht. Das war ja auch eine weite Strecke; für mich waren das immer 50 Kilometer hin und 50 Kilometer zurück.

Wir hatten das Gefühl, daß der Familienzusammenhalt plötzlich ganz stark war. Das war vorher nicht so. Natürlich war das ein blöder Anlaß, wenn ich das so sagen kann, daß erst so etwas passieren mußte. Aber wir hatten ein gutes Gefühl dabei.

Erst ist meine Mutter noch aufgestanden und hat sich angezogen. Aber wir haben sie schon mal gebadet. Sie wollte das nicht. Es war ihr unangenehm. Aber wir haben gesagt, du kannst dich doch mal in die Wanne setzen und dann waschen wir dich und cremen dich hinterher schön ein. Ich habe ihr dann auch immer die Haare gewaschen, denn die waren ja wieder gewachsen. Oft war es auch nur, sich mit ihr zu unterhalten, daß sie merkt, wir sind da und freuen uns, daß sie noch da ist.

Das ging eigentlich ganz schön bis zum 6. Mai. Da hatte meine Mutter Geburtstag. Bis dahin hatte sie unbedingt aufbleiben wollen, weil ihre Schwester aus Aachen sie noch einmal besuchen wollte. Die kam dann auch, aber wir haben gemerkt, da ist nichts mehr...«

»Meinst du, deine Mutter hat das auch gespürt?«

»Ja...Ja, sie hat es wohl akzeptiert, wie es ist...Ich denke, daß sie es akzeptiert hat. Ich denke, sie hat sich mit ihrem Schicksal abgefunden...

Und einen Tag später hat sie sich ins Bett gelegt und ist nicht mehr aufgestanden. Der Arzt ist dann gekommen und wollte sie einweisen auf eine Pflegestation. Aber wir haben gesagt, wir wollen das nicht. Wir wollen, daß unsere Mutter zu Hause stirbt.

Der Arzt hat dann alles in die Wege geleitet. Wir haben ein richtiges Krankenbett bekommen. So ein Bett, das man verstellen kann und wo man die Flaschen dranhängen kann und Katheter und alles. Das haben wir im Wohnzimmer aufgestellt und dafür die Polstergarnitur 'rausgestellt. Und die Gemeindeschwester ist einmal am Tag gekommen und hat meine Mutter gewaschen.

Wir sind dann auch öfter gekommen. Ich bin manchmal dreimal in der Woche gefahren. Obwohl meine Kinder noch klein waren. Einmal hat die Gemeindeschwester auf mich gewartet und gefragt, ob ich meiner Mutter die Nachthemden hinten aufschneiden kann, damit sie ihr die Hemden leichter anziehen kann. Ich habe das gemacht, so daß man sie hinten mit einem Band zumachen konnte. Meiner Mutter war das sehr unangenehm, weil sie ja geistig noch ganz klar war. Sie hat auch noch alles aufgenommen, obwohl ... sie hat ganz wenig gesprochen ... Ich glaube, das hat sie zu sehr angestrengt ...

Da kommen so viele Erinnerungen hoch. Obwohl das doch schon lange her ist, ja ...

Ich habe dann gekocht für sie, aber sie hat gesagt, ich will nur Eis. Wir haben ihr Eis gegeben, und in das Eis haben wir Tabletten getan, die der Arzt uns gegeben hat gegen die Schmerzen. Morphium, glaube ich. Die haben wir zerstampft und in das Eis getan, weil sie die sonst nicht mehr herunterbekommen hat. Vorher hatten wir manchmal beim Bettenmachen welche gefunden, die waren ihr aus dem Mundwinkel gerutscht.

Dann wollte sie auch kein Eis mehr. Sie hat nach Gerstengrütze gefragt. Das hat sie früher gerne gegessen. Ich habe noch nie in meinem Leben Gerstengrütze gekocht, aber ich habe das gemacht. Einen Löffel, nur so eine Spitze, hat sie gegessen. Nein, ich habe keinen Hunger mehr, hat sie gesagt ...

Die Augen wurden immer tiefer, so richtig wie Höhlen. Das Gesicht wurde immer ... die Knochen kamen immer mehr heraus, so diese hier ... die Wangenknochen ... Die Hände wurden immer dünner. Der Arzt hat dann versucht, ihr Morphium zu spritzen, aber das ging gar nicht mehr, da waren keine Venen zu finden.

Und dann fing das an, daß die Arme und der Rücken, die Schultern, daß es alles wund wurde vom Liegen. Erst hat der Arzt uns so ein Spray gegeben, das haben wir draufgemacht. Aber es wurde immer schlimmer. Irgendwann hat er uns dann so eine flauschige Unterlage, wie ein Fell, verschrieben. Das war dann schwer mit dem Bettenmachen.

Mein Vater hat die ganze Zeit, das sind drei Monate gewesen, im Wohnzimmer auf einem Liegesessel geschlafen. Er wollte sie auch nachts nicht alleine lassen. Er hat sehr, sehr darunter gelitten. Wir sind ja zwischendurch immer mal wieder zu Hause gewesen. Aber er war rund um die Uhr dabei.

Meiner Mutter liefen aus den Ohren, aus den Augen, aus der Nase und dem Mund so Säfte. Der Arzt hat gesagt, daß sie sich innerlich wohl schon auflöst. Beim Bettenmachen hat sie dann oft geschrien. Und sie hat angefangen zu phantasieren. Mein Vater erzählte, heute nacht hat sie wieder gesagt, ich soll doch ein Dach dort oben hinmachen, weil es hereinregnet, und es ist so kalt. Einmal hat er den Arzt gefragt, ob man denn nichts machen kann ... Und wir mußten unseren Vater auch noch aufrichten.

Wenn wir sie ausgezogen gesehen haben beim Waschen, da war nichts mehr, nur noch so ein Gerippe. Sie hat dann nichts mehr essen können und Infusionen bekommen. Sie hat einen Katheter bekommen. Erst hat sie nur Pampers gehabt. Ich habe dann gelernt, den Katheter zu schieben und Infusionsflaschen anzuhängen. Wenn ich das heute überlege, ich hätte nicht gedacht, das ich das könnte. Aber, wenn man das muß, dann kann man das auch.

Am 6. August bin ich noch einmal dagewesen. Das war mein Tag. Ich habe mich verabschiedet von ihr und ihr einen Kuß auf die Stirn gegeben. Das habe ich eigentlich immer gemacht, aber diesmal hatte ich das Gefühl, es könnte vielleicht zu Ende gehen ... Obwohl wir das öfter gedacht hatten. Und am 7. August ist sie dann eingeschlafen. Mein Vater ist dabeigewesen, als sie starb.

Als mein Bruder mich angerufen hat, um mir zu sagen, daß sie eingeschlafen ist, da habe ich für mich so gespürt ... so eine Erleichterung, daß es vorbei ist. Das hört sich jetzt vielleicht verkehrt an, aber so habe ich empfunden. Und ich habe gedacht, Gott sei Dank, du bist noch 'mal dagewesen, du hast sie noch einmal gesehen ...

Ich habe meine Mutter zwar später noch einmal gesehen, wie sie dann im Sarg war, aber ich hätte das nicht machen sollen. Ich kann dieses Bild nicht vergessen. Sie hatten sie so komisch zurechtgemacht, also sie war zwar sehr hübsch angezogen, aber sie hatte die Augen auf, und das war ganz furchtbar! Also, man kommt da 'rein in die Kapelle, und der Sarg ist auf, und das ist alles ganz schön, und dann kuckt sie einen an ...

Und ich weiß nicht, so wie mein Vater dann erzählt hat, wie sie vorher vom Beerdigungsinstitut gekommen sind und sie abgeholt haben, da haben sie ... Mein Gott, ich kann das jetzt nicht ... da haben sie meine Mutter mit der Unterlage so hochgehoben und in den Sarg gepackt, und da hat es geknackt, da ist sie irgendwo durchgebrochen ... Das ist schrecklich ...«

»Anne, ich verstehe das gut, wie furchtbar diese Vorstellung für dich ist. Aber das ist nur der Körper gewesen, die Hülle ... Deine Mutter war tot.«

»Ja, das war schlimm ... Obwohl, ich weiß es genau, wie mein Bruder angerufen hat, da hab' ich gedacht, Gott sei Dank, jetzt ist sie erlöst, jetzt ist es vorbei! Aber das, das ist schlimm ...«

»Wenn du jetzt mal zurückdenkst an die Zeit, gibt es da etwas, was für dich im Nachhinein besonders wichtig ist?«

»Daß wir unsere Mutter zu Hause gepflegt haben und sie nicht irgendwo hin abgeschoben haben! Denn sie wäre mit großer Wahrscheinlichkeit in irgendeine Ecke geschoben worden. Und wir sind doch ... Jeden Tag ist jemand von uns dagewesen, ich, meine Geschwister, die Lebensgefährtin von meinem Onkel. Wenn ich das nicht alleine geschafft habe, wenn Mutter sich mal vollgemacht hatte oder wenn sie sich übergeben hatte, und ich sollte sie dann alleine waschen und das Bett neu beziehen, das kann man gar nicht, dann habe ich sie angerufen und gesagt, du, Uschi, kannst du mir helfen, und wir haben das zusammen gemacht. Und dadurch ist die Familie unheimlich zusammengewachsen.

Das war auch im Sinne von unserem Vater. Der hat gesagt, ich kann sie jetzt nicht wegschicken, sie lebt ja noch, ich kann sie doch nicht wegschicken. Sie kommt doch nicht wieder ...

Wir wollten sie begleiten, bis ihr Leben zu Ende ist, und das hätten wir im Krankenhaus nicht können. Es ist anders so. Wir haben sie gewaschen, wir haben sie angezogen, wir haben sie gefüttert, wir haben sie eingecremt ... Das war ganz wichtig für uns, daß wir das so gemacht haben ... Ich finde das schön, daß man das kann ...«

»*Es gibt viele Menschen, die hinterher sagen, jemanden bis zum Tod zu pflegen, das hat mir geholfen bei meiner Trauer.*«

»Ja, ich denk' das auch oft so. Wie wir jünger waren, wie wir aus dem Haus gegangen sind, wir waren nur mit uns beschäftigt, und wir haben gar nicht an unsere Mutter gedacht. Und ich habe so für mich das Gefühl gehabt, ich mußte das machen, um meine Mutter irgendwie wiederzukriegen.

Ich habe geheiratet, wir haben Kinder gekriegt, und immer hat man gedacht, ach Gott, müssen wir schon wieder dahin ... Man hat so viel mit sich selbst zu tun, aber im Nachhinein, wenn man dann älter wird und die Kinder sind größer, und wenn es dann so ist, daß die Mutter wirklich krank ist ... Ich finde das schön, daß ich das gemacht habe ... für mich selber ...«

Des Bruders Hüter

Wolfgang Chrosziewski

Mein Bruder war zehn Jahre jünger als ich und 26 Jahre jung, als er durch einen Autounfall ums Leben kam. Der Unfall war verursacht durch eine Unaufmerksamkeit des Fahrers eines mit Montagearbeitern besetzten Kleinbusses, der, meinen Bruder nicht wahrnehmend, die Spur wechselte und diesen bei relativ hoher Geschwindigkeit abdrängte, so daß Bernd, im Versuch auszuweichen, gegen den Stahlmast eines Autobahnschildes schleuderte, der sein Auto und ihn zerriß.

Drei Zufälle von vielen ... die Unaufmerksamkeit, oder war es Rücksichtslosigkeit ... der Mast, ausgerechnet an dieser Stelle nicht geschützt durch eine Leitplanke ... Bernd gerade zu dieser Sekunde an dieser Stelle ... die unabänderliche Konsequenz ...»Tod«... Ich bemerke, wie mich der Fluß der Erinnerung ganz zurück an den Tag des Unfalls führt, schon hundertmal Gefühltes und Gedachtes erneut auslöst ... all diese»Warums« und»Hättes«, unzählige Abzweigungen, die Bernds Lebensweg eine andere Richtung gegeben, seinen Tod ungeschehen gemacht hätten ... Abzweigungen, an denen ich ihm eine andere Richtung hätte geben können ... müssen? ...

Als er geboren wurde, war ich zehn, meine Schwester acht Jahre alt. Ich hatte begonnen meine eigenen Wege zu gehen, meinen Lebenskreis zu erweitern; Sport, Freunde, in der Gegend herumstromern waren meine Beschäftigungen, dann der Schulwechsel aufs Gymnasium, da hatte ein kleiner Bruder nicht sehr viel Platz. Es fällt mir schwer, eigene innere Bilder von Bernd aus dieser Zeit zu vergegenwärtigen. Es kommen immer nur Baby- und Kleinkinderphotos aus den Familienalben.

Ich war in diesen Jahren der beginnenden Pubertät sehr auf mich und meinen Kreis Gleichgesinnter bezogen, habe die Wünsche des kleinen an den großen Bruder gar nicht gespürt oder an mich herangelassen. Wir lebten, bis auf die alltäglichen familiären Berührungen, in zwei verschiedenen Welten. Hier erinnere ich ein Photo, das mich vorlesend mit Bernd auf dem Schoß zeigt, als er wohl zwei Jahre alt ist, das sehr viel Nähe ausdrückt, aber keine weiteren Erinnerungen an Erlebtes in mir auslösen kann.

Bewußt wird mir jetzt, wie schwer sich Bernd mit der Einschulung tat, wie oft er – vorzeitig – weinend nach Hause gekommen war. Wir gingen jedoch nicht zur gleichen Schule, so daß ich ihm keine Hilfe sein konnte. Er ging zur Grundschule im Dorf, auf das die Familie zu meinem Leidwesen gezogen war, das uns allen immer fremd blieb. Unsere Schwester und ich gingen auf Schulen in der nahen Stadt. Als Bernd dann aufs Gymnasium wechselte, war ich nicht mehr dort, nicht einmal mehr zu Hause. Aber er ging auf die Schule seines großen Bruders. Vielleicht war er mir damals viel näher als ich ihm?

Ich leistete meinen Ersatzdienst in einer 200 Kilometer entfernten Stadt, kam nur wochenends nach Hause, um dann selten im Hause zu sein, sondern die meiste Zeit mit meiner Freundin und mit Freunden zu verbringen. Nach einem Vierteljahr war ich dann in meinem Ersatzdienstort so sozial eingebunden, daß ich nur noch äußerst selten nach Hause fuhr. Ich habe damals sehr auf mich bezogen gefühlt und gehandelt, Bernd nur wenig in meiner Welt präsent gehabt.

Damals hätte er mich gebraucht. Hätte ich seinem Leben eine andere Richtung geben können? Hätte mein Einfluß ihm zum Beispiel die Leidenschaft für Autos, die in meinem Denken wörtlich genommen zum Leiden, seinem Tod geführt hat, nehmen können? ...

Er ist in seinem Traumauto verunglückt, das er sich kaufen konnte, nachdem er nach so langer Zeit vergeblicher Anläufe in Schule, Studium und Beruf dann endlich seinen Platz, seinen Erfolg und auch seinen ihn glücklich machenden Lebenskreis gefunden hatte. Leider weit weg von uns, so daß wir uns wenig sehen konnten, wenig aneinander teilhaben konnten.

Die Jahre davor, als wir in derselben Stadt lebten, hatten wir endlich Nähe zueinander gefunden, waren oft zusammen, war Bernd oft bei mir und meiner Frau, half uns bei der Renovierung unseres Reihenhauses aus den dreißiger Jahren. Er war immer sehr hilfsbereit und ließ sich durch nichts aus der Ruhe bringen, auch nicht, als uns einmal die alte Strohdecke auf den Kopf fiel.

Als wir dann unsere erste Tochter bekamen, war er ein liebevoller junger Onkel. In dieser Zeit waren wir uns sehr nahe, aber eine erfolgreiche Hilfe bei seinen Studienversuchen war nicht möglich. Es war nicht sein Weg. Seinen Platz fand er in der agilen, nicht nach Diplom, sondern nach Leistung und Erfolg fragenden Computerbranche. Hier konnte Bernd seinen Weg finden. Die Freude und auch den Stolz darüber strahlte er aus. Er fand seinen Lebenskreis, Partnerin, Freunde ... und dann das jähe Ende.

Ich bin kein Friedhofsgänger ... es ist nicht der Ort, der mich Bernd näher bringt. Für mich ist nicht er dort begraben, sondern nur sein toter Körper. Die kirchliche Trauerfeier und Beerdigung waren ein hilfreicher Ritus im Umgang mit der toten Hülle, mehr nicht. Trotzdem war ich intensiv beteiligt an der Gestaltung des Grabes, habe selbst zum Spaten gegriffen und das Grab bepflanzt. Als dann aber alles fertig war, habe ich nach einigen wenigen Besuchen Abstand von diesem Ort genommen. Bei den relativ seltenen Besuchen bei meiner Mutter – an ihrem Wohnort ist Bernd begraben – wäre es naheliegend, auch sein Grab zu besuchen, aber mich zieht nichts dorthin. Meine Mutter spricht mich auch nicht mehr darauf an, hat es so angenommen.

Erst Bernds Beerdigung gab Gelegenheit, seine Freunde und Kollegen, die trotz der großen Entfernung zahlreich gekommen waren, zu erleben und aus ihren Erzählungen ein Bild von Bernd in seinen letzten Lebensjahren zu bekommen. Zu hören, wie glücklich, fröhlich, gesellig, hilfsbereit, engagiert, erfolgreich ... lebendig er in dieser Zeit war. Es waren angenehme Menschen, die um ihn gewesen waren, mit denen uns, seine Familie, jetzt Trauer um ihn verband. Die engsten Freunde blieben einen Tag länger. Es gab gute Gespräche, ein Austauschen über das jeweils mit Bernd Gelebte, im gemeinsamen Erinnern ein Zusammenfügen der jeweils mit ihm gelebten Lebensabschnitte.

Doch es gab auch befremdliche Erlebnisse. Das durch Bernds Tod völlig unbeeinflußte Verhältnis seiner Freunde zum Auto. Die stolzen Berichte darüber, wie schnell sie von Hessen nach Dithmarschen gefahren waren, und das völlig übermüdet. Die Flasche »Dithmarscher Pils«, die sie am Abend nach der Beerdigung unter die Kränze aufs Grab gelegt hatten. Wie schnell nach der Beerdigung die Blicke wieder nach vorn gingen, ganz unbeeinflußt die Devise »Life must go on« herrschte. Weiter so wie bisher. Ein Weggenosse ist auf diesem Wege verlorengegangen ... an diesem Wege verlorengegangen? Aber das gibt keine Veranlassung, über diesen Weg nachzudenken.

Bernds Tod führte zu einer bis dahin nicht gekannten Nähe der trauernden Familie. Eine Nähe, die dann über die Jahre wieder verlorenging. Eines aber blieb: Der Verlust des ihm sehr nahen Sohnes löste bei unserem Vater einen Wunsch nach mehr Nähe zu dem ihm bis dahin fernen Sohn aus, zu mir. Diese Entwicklung hat Bestand ... Bernds Tod als Anstoß zu einer Annäherung zwischen meinem Vater und mir?

Ein Tod in einem Alten-Pflegeheim

Anonyma

In einem Alten-Pflegeheim leben und arbeiten viele sehr unterschiedliche Menschen auf engem Raum. Die meisten BewohnerInnen können die normalen täglichen Verrichtungen nicht mehr selbständig bewältigen und brauchen Unterstützung bei der Körperpflege, bei den Mahlzeiten, bei sozialen Kontakten, und um sich zeitlich und örtlich zu orientieren.

Wie wohl die meisten Pflegekräfte in solchen Institutionen fühlten wir uns personell chronisch unterbesetzt, und obwohl das hier geschilderte Ereignis fast 15 Jahre zurückliegt, glaube ich nicht, daß sich in diesem Punkt Wesentliches geändert hat. Hinzu kam die damals verbreitete mangelnde Qualifikation der MitarbeiterInnen und die damit verbundene Unsicherheit im professionellen Handeln.

Auch ich war »angelernt« von anderen Frauen, die nur an kurzen Fortbildungen teilgenommen hatten, und versuchte, meine Arbeit so gut es ging zu tun. Dabei waren die Anforderungen erheblich, und ich ging an den meisten Tagen erschöpft und mit dem Gefühl nach Hause, etwas Wichtiges nicht erledigt zu haben.

Als besonders belastend empfand ich es, desorientierte Menschen unter Zeitdruck und oft gegen ihren ausdrücklichen Willen zu pflegen. Zwar wäre es für die BewohnerInnen manches Mal in der konkreten Situation angenehmer gewesen, wenn man sie in Ruhe gelassen oder einfach einen freundlichen Plausch gehalten hätte, gleichzeitig erschien es aber unmenschlich, jemanden stinkend und kotverschmiert sich selbst zu überlassen.

In diesem täglichen »Kampf« mit verwirrten alten Menschen, denen die Notwendigkeit von Körperpflege häufig nicht einsichtig war, und anspruchsvollen Angehörigen, die sich »Oma« frisch gewaschen und »milde lächelnd im Sessel sitzend« wünschten, hatten die meisten MitarbeiterInnen ihre »Lieblinge«, mit denen sie sich besonders gern beschäftigten.

Frau T. gehörte nicht zu diesen Lieblingen. Sie kam in unser Alten-Pflegeheim, nachdem sie einen Schlaganfall erlitten hatte. Betroffen war vor allem die rechte Körperhälfte; die rechte Hand war völlig unbrauchbar, und sie konnte nur mit Mühe laufen. Ihre sprachlichen Fähigkeiten schienen nicht beeinträchtigt, so daß eine Verständigung zunächst problemlos möglich war. Dabei begann sie nie von sich aus ein Gespräch und antwortete auf Fragen nur das Notwendigste.

Sie war eher unauffällig, wirkte zurückgezogen und angespannt und paßte sich dem Heimbetrieb an. Besuch bekam sie nur selten, und auch zu den anderen BewohnerInnen hatte sie keinen näheren Kontakt. Sie weinte oft, wehrte aber alle Kontaktversuche unfreundlich ab.

Eines Nachmittags war ich gerade dabei, im Speisesaal Kaffee auszuschenken, als Frau T., die mit dem Rücken zu mir saß, regelrecht von der Bank geworfen wurde. Mein erster Gedanke war, daß ihre Nachbarin sie gestoßen habe, was durchaus vorkam. Frau T. lag aber am Boden und war und blieb bewußtlos. Der schnell herbeigerufene Notarzt vermutete einen weiteren Schlaganfall und wies sie in das örtliche Krankenhaus ein.

So verblaßte der Eindruck dieses Erlebnisses bei mir bald. Im Grunde fiel es kaum auf, daß Frau T. nicht da war, der Heimalltag ging weiter wie gewohnt, eine Arbeitserleichterung war nicht spürbar.

Nach ca. zwei Wochen wurde Frau T. als ein vollständiger Pflegefall zu uns zurückgebracht: Sie konnte nichts mehr. Nach dem zweiten Schlaganfall war jetzt auch die Kontrolle der linken Körperhälfte schwer beeinträchtigt. Sie sprach nicht mehr, reagierte kaum auf Ansprache oder Berührung und hielt die Augen geschlossen. In meiner Erinnerung sieht sie aus, als ob sie die Augen mit viel Kraft zudrückt, so als verschließe sie sich gegen die Außenwelt.

Aber auch mit ihrer jetzigen Pflegebedürftigkeit erforderte ihre Versorgung kaum mehr Zeit als zuvor. Da sie still lag, das Bett und ihre Windeln nicht durcheinander brachte und nicht schrie oder rief, wie andere BewohnerInnen, wurde sie ohne größeren Aufwand mitversorgt.

Problematisch war nur die Nahrungsaufnahme: Frau T. wurde natürlich »gefüttert«, machte aber kaum den Mund auf und verschluckte sich häufig. So bekam sie, wie damals üblich, eine Magensonde durch die Nase gelegt, um ihre Ernährung sicherzustellen. Einerseits wurde die Versorgung für uns dadurch vereinfacht, da die Mahlzeiten nur noch wenig Zeit in Anspruch nahmen, andererseits gelang es Frau T. mehrfach, sich diese Sonde herauszuziehen, worauf jedesmal der Hausarzt kommen und eine neue Sonde legen mußte.

Frau T. wurde also »fixiert«, d. h. beide Handgelenke wurden mit breiten Klettbändern umwickelt und diese an den Seiten des Bettes befestigt; mehr war nicht nötig, um die Magensonde an ihrem Platz zu halten. Gleichzeitig wurde Frau T., die bis zu diesem Zeitpunkt offenbar noch die Möglichkeit gehabt hatte, gewisse Bewegungen auszuführen, vollständig immobilisiert.

KrankengymnastInnen kamen nur sehr vereinzelt ins Haus, so daß Bewegungsmaßnahmen sich auf das individuelle Engagement des Pflegepersonals beschränkten. Ein großer Teil dieses Engagements wurde ohnehin von den BewohnerInnen aufgezehrt, die auffällig waren, weil sie schrien, Dinge zerstörten oder versteckten, anderen BewohnerInnen Schaden zufügten oder völlig desorientiert durch das Haus irrten.

Für Frau T., die nie von selbst auf sich aufmerksam machte, und die auch nicht willens oder in der Lage war, sich beliebt und interessant zu machen, blieb nicht viel Engagement übrig. An ihr Sterben und ihren Tod hatte ich bis zum Schluß nie gedacht.

Der Tag, an dem sie starb, war für mich sehr aufreibend gewesen, und ich spürte nach fast drei Wochen ohne einen freien Tag deutlich, daß meine Belastbarkeit begrenzt war. Ich war ungeduldig und genervt und wollte auf keinen Fall auch noch Überstunden machen.

Nachdem alle, die ich an diesem Abend zu versorgen hatte, glücklich nach Abendtoilette etc. im Bett waren, wollte ich noch eben schnell Frau T. für die Nacht »fertigmachen«. Aber ausgerechnet an diesem Abend sträubte und sperrte sie sich, nachdem sie sonst so teilnahmslos gewesen war. Sie arbeitete mit aller Kraft, die sie zur Verfügung hatte, gegen meine Pflegemaßnahmen an.

In dieser Situation dachte ich nicht an Frau T. und nahm vordergründig nur die Schwierigkeiten und den nun größeren Zeitaufwand wahr; ich fühlte mich geradezu persönlich angegriffen durch diesen unvermuteten Widerstand. Statt nun einfach das Notwendigste zu tun und alles übrige zu lassen, zog ich ohne Rücksicht das geplante Programm durch: von Nasen- über Mundpflege zu Dekubitusprophylaxe, Seitenlagerung und Laken glattziehen. Ich war natürlich die Stärkere.

Verärgert und erschöpft ging ich noch zur verspäteten Übergabe an die Nachtwache, die ihrerseits schon zur Eile antrieb, da sie befürchtete, ihr Programm nicht rechtzeitig bewältigt zu bekommen. Als ich endlich umgezogen war und nach Hause gehen wollte, fing mich die Nachtwache mit der Nachricht ab, Frau T. sei verstorben.

Mir hat nie jemand einen Vorwurf gemacht, aber ich habe bis heute ein schlechtes Gewissen, wenn ich an Frau T. denke. Wenn ich gewußt hätte, daß sie an diesem Abend sterben würde, wenn ich überhaupt daran gedacht hätte, daß kranke alte Menschen sterben, dann hätten ihre letzten Stunden anders ausgesehen.

Wiederbelebung

Ludger Iske

»Kommt gut an«, sagt die Schwester, die Druckmassage reicht für einen tastbaren Leistenpuls, und für den Gasaustausch sorgt gleich eine Maschine. Gute Ausgangsbedingungen: früh gefunden, schnell geschaltet, gleich losgelegt, gut eingespielt. Trotzdem sollten sie nicht über was anderes reden.

(Natürlich ist er nicht mehr bei Bewußtsein. Jetzt könnte keiner mehr entscheiden, warum er es verloren hat: Sauerstoffmangel oder falsche Stoffe im Gehirn, ein harter Schlag – vorübergehend ist seine wahre, eigene Geschichte unterbrochen; oder auf Dauer beendet. Er wüßte es nicht! Und nur in unseren Geschichten lebt er jetzt und dadurch, daß wir über seine mitverfügen können. Wahrscheinlich kriegt er also wirklich nichts mehr mit.)
Was ist er jetzt? Wo ist Sebastian?

Als Sebastian starb, war ich zwei Jahre lang und bis zum Schluß dabei, und ich erschrecke mich noch immer über meinen Sicherheitsabstand. Mein bester Freund, spät zur Welt gekommen als jüngerer Bruder nach mehreren Fehlgeburten, voller Musik wie seine Mutter und schon früh bereit, Pastor und Seelsorger zu werden wie sein Vater: Kurz nach seinem Auszug, nach der Entscheidung für Musikwissenschaft in Hamburg und gegen Göttingen und Theologie und zwischen alledem wuchs noch im Urlaub ein großer Knoten an seinem Hals. Mein Vater ließ sich die Befunde kommen, teilte die Zuversicht seiner Kollegen nicht und weihte mich mit aller Deutlichkeit und Rücksicht in seine eigene Einschätzung ein, nach der uns noch vielleicht zwei relativ bewegungsfreie Jahre blieben. Während der Bestrahlungen und Chemotherapie und meiner ersten Medizinsemester lebten wir zusammen in der Beethovenstraße, und der Tod kriegte kein Bein in die Tür. Streit und Versöhnungen, Verletzungen und Experimente, Nacht und Morgen blieben frei von dem, was er sicher immer deutlicher spüren und ich eigentlich sehen konnte: Er starb ganz schnell, und ich war mit allem mehr beschäftigt als mit ihm, seinen unausgesprochenen Fragen und seiner Angst. Wir haben Zwischentief gespielt. Er wollte sich nicht aufdrängen.
Ich habe mich dafür um so breiter gemacht.

Das geht hier deutlich schlechter als erwartet, und die Gespräche haben aufgehört. Was nimmt er mit? Inzwischen sind die Oberärzte beide da, sehr zurückhaltend im Dazwischengreifen, aber auch in ihrer Prognose.

(Ganz leise, unbemerkt, habe ich mich innerlich ein kleines Stück zurückgezogen; auf Deck läuft alles glatt und klar, die Hände kennen sich bestens aus. Wir beiden, einer gleichmäßig beschäftigt, einer still, in einem Boot über dem schwarzen Wasser.

Ich bin ja da. Du gehst schon nicht verloren.

Wenn einer morgens oder aus Narkose oder langem Koma aufwacht: Woher weiß er wieder, wer er ist? Was bleibt an?

Und er, der hier vor mir liegt: Ist bei ihm jetzt schon etwas von seinem Wesentlichen weggelöscht?)

Bei Sebastians Tod bekamen wir Hilfe. Der Chef ließ sich vor den Eltern verleugnen, und uns stellte die Nachtschwester den Tropf hin: Hier ist ein starkes Schmerzmittel. Wir wußten nicht, ob er litt. Wir litten jedenfalls am Zusehen: Er ist nicht mehr bei uns, aber er ist immer noch da. Oder wo ist er jetzt? und jetzt? – Jetzt geht er ohne Abschied. Selber schuld. Wir wurden das Gefühl nicht los, wir hätten uns die letzten Tage schöngelogen und vielleicht die allerletzte Chance verpaßt, all die Befangenheit, das schlechte Wissen und Gewissen, den Verrat aus unseren Blicken zu spülen. Er fängt so spät nicht noch von sich aus an zu fragen, und jetzt geht er ohne Antwort. Ich bin später immer wieder zu einem Bild aus dieser Zeit zurückgekehrt, als ließen sich damit die Tränen lösen: Ein einsamer Mann verläßt nachts und für immer die Familie, und weil er niemanden wecken will, schließt er leise die Tür hinter sich. –

Vielleicht ist es auch ein Medikament, das die Atmung beeinflußt. Sicherlich. Jedenfalls soll er jetzt nichts spüren. –

Er tut mir ja nicht weh, das Schlimmste ist die Kühle. Ich bin so kühl, ich muß gar nicht weinen, hier ist mein bester Freund, ich habe ihm so wehgetan und er muß jetzt sterben und stirbt und stirbt und ich bin kühl und muß noch nichtmal weinen

und was ist denn Sünde mit dreiundzwanzig

ich kann das nicht

aber wir hatten Hilfe.

Wiederbelebung

Jetzt sind verdammt schon die Pupillen weit, und alle scheinen auf Distanz zu gehen. Wieviel man nebenher noch denken kann, der Tod ist schon im Raum und macht die ersten leisen Angebote: Die Angehörigen fragen (damit uns wenigstens der Körper später zeigt, was wir hätten sehen können). Die PJ-lerin soll nochmal nachintubieren (vielleicht auch die Subclavia punktieren). Wenn es soweit ist. Die Nadel von vorhin (kann dann unsteril sein). Dabei lebt er noch (HERR lehre uns bedenken ...). Lebt. Ich bin ja bei dir. Nachher geht er in den leeren Raum, in dem ein Toter, rechtlich keine Sache, auch keine Person mehr ist. Wenn die Schwestern raus sind, stehe ich wieder, wieder als atemloser Jäger, vor dem immer toten Gesicht (nach einem heimlichen und hilflosen Gebetsstummel, gute Wünsche im dunklen Wald): Die Seele oder was sich mit dem letzten Ausatmen gelöst hat fließt nach unten ab wie Wasser durch den Sand, der Spiegel fällt, und Haut und trockeneres Fleisch und Knochen lösen sich zu festem gelben Wachs. Die Augenbälle sinken auf den Grund der Schale, endlich setzen sich die Lider, geben nach. – Was jetzt hervortritt oder für mich übrigbleibt erstarrt zu mehr als Stille. Angehalten, fast lesbar geworden, liegt der stumme Kopf wie ein Versprechen da, als könnte man nach langem Hinsehen doch, am Ende, hinterher – gleich ist es weg! – begreifen.

Die unausweichliche Verwandtschaft solcher Totenmasken hat einen Platz in meinem Blick besetzt, seit mir der Ball vor dreißig Jahren in die Aufbahrungshalle gerollt ist. Aus dem hellen Sommernachmittag kullerte er fast geräuschlos durch die halboffenen Tore, im kühlen Halbdunkel zog mein Vater langsam einer toten Oma das Laken über ihr stilles gelbes Gesicht. Glanz und Farbe wie bei Jesus, der in allen Häusern starb, aber mit ganz entspannter Stirn. Jedesmal seit diesem kurzen Blick stand die Tür für mich mit jedem Toten scheinbar einen Spalt weit offen, und bei jeder Leiche war es wie ein immer knapp verpaßter Augenblick: zu spät gekommen, nur noch nachzustarren, ohne echte Hoffnung, wie man einem Traumbild oder einem abgetauchten Einfall, einem entfallenen Wort umsonst und mit verkrampftem Ärger hinterherjagt. Was bleibt denn auch? Das ist doch nicht zu fassen: Eben hätte er beim Aufwachen noch alles über sich gewußt, jetzt weiß sein Körper nicht mal mehr zu atmen oder wie er sich die Wärme halten soll. Wann ist der Tod? Wenn ich jetzt loslasse, geht er: Das ist nicht zu glauben. Die Flamme flackert, kommt wieder – komm –

Wann ist der Tod, und wo ist er zuerst? Sebastian geht durch den Vorhang. Er weiß jetzt nichts: Er ist seit vielen Stunden ohne Bewußtsein. Ich lebe ja vielleicht noch sechzig Jahre weiter, aber hier bei mir ist schon der Tod, seiner und unserer, und wächst mit jedem Atemzug. (Bewußtsein ist die Erfindung des Todes. Vorher kam das Leben: einatmen, ausatmen, schon in Individuen gesammelt und verdichtet, aber noch ganz ohne Ende. Darunter und darüber Gott: was anbleibt, was durch alles zieht und nicht verlorengeht. Bleibt hier, wenn Sebastian geht, und wechselt nur die Seite. Tod gibt es nicht, es gibt den Tod nicht, es gibt nur immer wieder immer mehr und immer neue Tote). Undsoweiter. Mit Bildern und Erklärungen verhänge ich den dunklen Spalt, aus dem es zieht, und kann noch nicht mal fühlen, bis ich weine. Hilf mir doch mal, du bist doch näher dran! So war die Welt. –

Jetzt ist sie komplizierter. Dieser, der durch den Fluß, und durch den Vorhang, durch die Tür, ins Licht, und in die Nacht, zu seinem Schöpfer, seinen Ahnen, zur Vollendung und ins Nichts geht und von dem die Seele, die Erinnerung, Information, Materie, Geschichte, leere Stelle bleibt, der geht noch nicht, der stirbt nicht unter meinen Händen oder weil sie ihn am Ende lassen, sondern flackert, kommt und leuchtet wieder, und siehe ich lebe, öffnet sieben Stunden später seine Augen und läßt alles wieder ein

AIDS

»Niemals geht man so ganz«[1]
Die Begleitung eines Aids-Patienten

Christoph Mayr
(meinen Brüdern Michael und Florian gewidmet)

Die Rede wird von Paul sein, der für mich natürlich immer Herr S. war. Ich nenne ihn so, um ihm den Schutz des Pseudonyms zu geben, so wie er bis zuletzt seine Erkrankung jenseits des guten Freundeskreises geheim beließ. Offiziell ist er an einem Lungentumor gestorben, was so gesehen nicht erfunden ist, weil Paul auch einen Tumor mit Lungenbeteiligung hatte. Warum erzähle ich gerade Pauls Geschichte, die seiner letzten Wochen und Tage? In den acht Jahren meiner Arbeit mit HIV-positiven Menschen und Aidspatienten, in den nunmehr fünf Jahren im Klinikalltag einer Aidsstation bin ich so vielen Menschen begegnet, deren Krankheitsgeschichte, deren Schicksal ebenso wert gewesen wäre, erzählt zu werden. Auf einer Aidsstation gehört das Sterben mitunter zur erschreckenden Realität im Alltag. Wenn ich von Paul erzähle, so deswegen, weil mir in seinem Fall das Exemplarische seiner Krankheit in einer Dichte begegnet, die ich selten so eindrücklich wahrgenommen und erlebt habe. In meiner Erinnerung steigen die Begegnungen mit ihm bei der täglichen Visite auf, die Gespräche mit ihm, stellenweise auch die Sprachlosigkeit zwischen uns. Pauls Sterben, seine Art, damit umzugehen, offenbarte mir etwas Neues, das ich meine, durch ihn gelernt und verstanden zu haben; seine bisweilen lautlose Art, dem Sterben und dem Tod zu begegnen, wird mich lange beschäftigen. In meiner Reflexion von Pauls letzten Wochen mischt sich seine Krankheitsgeschichte mit meinen Gedanken zu Aids, subjektiven Wahrheiten, mitunter Zweifeln. Die spezifischen Eigenheiten von Aids, die zunehmende körperliche Versehrtheit im Lauf der Erkrankung, auch die besonderen psychosozialen Umstände und psychologischen Gegebenheiten werden immer wieder anklingen und mitschwingen.

---

[1] Songtitel der verstorbenen Liedsängerin und Kabarettistin *Trude Herr*

Paul lag auf unserer Station in Zimmer 17. Der Troß am Visitenwagen kam einmal mehr vor seinem Zimmer zum Stehen. Kurz wurden die letzten Befunde ins Gedächtnis zurückgerufen, die aktuellen Blutwerte gesichtet, das weitere Vorgehen diskutiert. Schwester Manuela berichtete mir von den starken Diarrhöen (Durchfällen) des Patienten. Die Nacht war recht ruhig verlaufen. Nur das Fieber sei weiterhin hoch, die fiebersenkenden Medikamente würden nur kurzfristig helfen. Ich atmete tiefer durch als sonst. Paul S. begrüßte ich – wie jeden – mit einem Handschlag. Einem beiderseitigen »Guten Morgen« folgte über Augenblicke Schweigen. Ein mattes Lächeln lag in seinem Gesicht, die dunklen Augen glänzten fiebrig, die Stirn war von Schweißperlen benetzt. Paul lag auf die Seite gebettet, ein großes festes Kissen im Rücken hielt ihn in Seitenlage, bot ihm Halt, nicht in die Rückenlage zurückzusinken. Seine dunklen Haare kräuselten sich wirr auf seinem Kopf, der Bart, den er sich wachsen ließ, war längst kein Dreitagebart mehr. Mehrere Schläuche verbanden ihn mit dem Infusionsständer. Dieser war voll behängt mit Flaschen, die, jede für sich mit eigener Geschwindigkeit, ihren Inhalt ihm zuströmen ließen.

Paul war 39 Jahre alt und hatte Aids im letzten Stadium, »Vollbild Aids«, wie es immer heißt. Mit dem Wissen über seine HIV-Infektion lebte er seit elf Jahren. In den ersten Jahren wäre es ihm sehr gut gegangen, keine Krankheitszeichen hätten sich eingestellt, keinerlei Krankheitsgefühl hätte er gehabt, erzählte er beim Aufnahmegespräch. Vor drei Jahren hätte er erstmals jene dunkelblauen Flecken auf der Haut bemerkt, am Anfang noch klein wie Leberflecken, und lediglich an bedeckten Körperstellen: Kaposi-Sarkom. Mit den antiviralen Medikamenten und der Chemotherapie wäre der Tumor erst einmal rückläufig gewesen. Ein halbes Jahr lang hätte er dreiwöchentlich einen Zyklus der Chemotherapie bekommen. Als sich das Kaposi-Sarkom danach wieder und dann auch im Gesicht bemerkbar machte, wäre er mit der kunstvollen Möglichkeit des Schminkens zurechtgekommen, und die Chemotherapie wäre dann wieder, bis in die gegenwärtige Zeit hinein, begonnen worden. Später hätte er dann zweimal jene Lungenentzündung gehabt, die so typisch im Laufe einer HIV-Erkrankung auftritt. Und vor neun Monaten wäre dann die Virusentzündung an der Netzhaut des rechten Auges (CMV-Retinitis) aufgetreten, die er eigentlich gar nicht bemerkt, weil keine Schmerzen und keine Sehschwäche empfunden hätte. Nur durch die regelmäßige Augenuntersuchung wäre sie ans Licht gekommen, danach erfolgreich behandelt worden. Seitdem bekäme er auch fünfmal in der Woche eine Infusion, die das Wiederauftreten jener Entzündung verhindere. Vor einer möglichen Erblindung habe er große Angst.

Ich erinnere mich noch gut an den Tag, an dem Paul zu uns kam. Wiederkehrende Fieberschübe mit Spitzen bis 40 Grad hatten sich bei ihm eingestellt, häufig war dem Fieber ein Schüttelfrost vorausgegangen. Anfänglich habe er mit fiebersenkenden Mitteln versucht, dem zu begegnen. Doch nach ein paar Tagen habe er sich so geschwächt gefühlt, und an die Fortsetzung seiner beruflichen Tätigkeit sei nicht mehr zu denken gewesen. Ich sollte erwähnen, Paul war Musiker, genauer gesagt Cellist. Und dies mit Leidenschaft. Wegen des Fiebers war es dann an dem Ort, an dem er sein Engagement als Salonmusiker in der Sommersaison hatte, sogar zu einem kurzfristigen Krankenhausaufenthalt gekommen. Der behandelnde Arzt dort hatte – im Hinblick auf die Grunderkrankung – die Verlegung in eine Spezialklinik für empfehlenswert gehalten und mit Pauls Zustimmung den Kontakt zu uns als seinem Heimatkrankenhaus hergestellt. Bei uns war er durch die laufende Chemotherapie lange bekannt, wie die vielen, die wir über Jahre begleiten. Paul kam in Begleitung seiner Ehefrau Beatrice. Neben dem schlanken, hoch gewachsenen Mann wirkte sie – sie war etwa eineinhalb Köpfe kleiner als er – beschützenswert. Doch sollte sich bald herausstellen, daß sie mit großem Engagement und viel Fürsorglichkeit ihm bis zuletzt beistehen würde. Und daß sie viel besser ihre Gefühle und Bedürfnisse verbalisieren konnte, während diese ihrem Mann so schwer über die Lippen kamen. Und daß sie derjenige Mensch sein würde, mit dem er all das besprechen konnte, was so unaussprechlich schien in den Begegnungen mit den Ärzten und Schwestern.

Paul und Beatrice waren seit elf Jahren verheiratet. Er hatte sie kennengelernt, Wochen nachdem er von seiner HIV-Infektion erfahren hatte. Sie war von Beginn an über seine Infektion informiert gewesen. Daß er sich bei einem seiner wenigen sexuellen Kontakte mit Männern infiziert hatte, war für sie nie ein Thema gewesen, über das sie hätte je ernsthaft reden wollen. Auch für ihn schien sein Beziehungsleben vor dieser Ehe eines gewesen zu sein, das als abgeschlossen, verjährt, vielleicht als frustraner Versuch auf einem Irrweg zu gelten hatte. Dies jedenfalls erschloß sich mir an Eindrücken aus den wenigen Andeutungen, die er über diese Zeit mir gegenüber wagte. Und es war mir Grund genug, nicht weiter nachzufragen. Den Gesprächen mit ihr und ihm war zu entnehmen, daß sich in ihrem Bekannten- und Freundeskreis mehrere HIV-infizierte Menschen befanden, auch daß sie schon einige Freunde an Aids verloren hatten.

Paul hatte sich wohl in dem Jahr infiziert, in dem gerade der HIV-Antikörpertest als Nachweismethode dieser Infektion entwickelt worden war, im Jahr 1985. Damals waren gerade vier Jahre seit dem Bekanntwerden der ersten Fälle vergangen gewesen. Ich kann mich noch gut an das Jahr 1981 erinnern, als in Amerika seltene Lungenentzündungen (Pneumocystis carinii-Pneumonie) und Hauttumoren (Kaposi-Sarkom) plötzlich und gehäuft bei vorher gesunden jungen Homosexuellen auftraten. Die Männer starben alle in recht kurzer Zeit. Damals war schnell der Verdacht einer rätselhaften neuen, übertragbaren Infektion aufgekommen. 15 Jahre sind seitdem vergangen. Und aus den mutmaßlichen Einzelschicksalen hat sich eine weltweite Epidemie, eine globale Bedrohung entwickelt.

Pauls Geschichte unterscheidet sich nicht viel von der anderer Aidspatienten: die Ansteckung durch Sexualverkehr, neben der Übertragung durch eingehenden Kontakt mit kontaminiertem Blut der Hauptübertragungsweg. Wie er sind vornehmlich junge, sexuell aktive Menschen betroffen. Die Übertragungswege zeigen, daß grundsätzlich jeder Mensch sich infizieren kann. Ich denke dabei an die steigende Zahl unserer Patientinnen. Und auch im zeitlichen Verlauf seiner Erkrankung hebt sich Paul nicht von den vielen anderen Patienten ab: das langsame, chronische, schleichende Fortschreiten der Erkrankung, am Anfang unsichtbar und nicht spürbar; die fortlaufende Schwächung des körpereigenen Abwehrsystems, die somit ubiquitär (immer) vorhandenen Erregern Tür und Tor öffnet, den menschlichen Organismus zu schädigen.

Die Fieberschübe, die Paul zu uns geführt hatten, ließen sich recht schnell als Zeichen einer »Portinfektion« erklären. Wegen der regelmäßigen Infusionspflichtigkeit war ihm etwa ein Jahr zuvor ein sogenanntes Portsystem unterhalb des linken Schlüsselbeins unter die Haut implantiert worden, über das Paul seine zahlreichen Infusionen bekommen konnte, ohne daß seine Armvenen durch immerwährende neue Punktionen maltraitiert werden mußten. Offensichtlich hatte sich nun dieser Port mit Bakterien besiedelt. Paul erzählte, daß die Fieberschübe in der Regel dann einsetzten, wenn er sich seine Infusionen über den Port verabreicht hatte. Es sollten sich in den Tagen und Wochen nach Pauls Aufnahme zu dieser Infektion immer neue Probleme und Komplikationen gesellen. Die Schmerzen und die Kribbelparästhesien in den Füßen, die er bei Aufnahme angegeben hatte, wurden schlimmer, obwohl die Medikamente, die man als ursächlich dafür zu erkennen glaubte, abgesetzt worden waren. Unter der breiten antibiotischen Therapie bekam Paul eine Pilzinfektion der Speiseröhre, die ihm die Nahrungsaufnahme sehr erschwerte. Und es waren die zunehmenden Sensibilitätsstörungen und Lähmungserscheinungen auf der linken Körperseite, später auch rechts, die sich schleichend, doch nicht mehr übersehbar bei ihm einstellten. Es wuchs in mir der Verdacht, daß sich da noch eine ganz andere Erkrankung ankündigte. Ein Verdacht, der sich alsbald bestätigen sollte.

Paul ertrug zu dieser Zeit alles geduldig. Er willigte ein in das, was ich als sein behandelnder Arzt ihm nach bestem Wissen und Gewissen vorschlug und empfahl. Er war stets interessiert an den Untersuchungen, die ich vorschlug, um Licht in die z. T. obskuren neurologischen Ausfallserscheinungen zu bringen. Ich spürte seinen ungebrochenen Lebenswillen, wenn er unter Mühen und mit Hilfe des Krankengymnasten das Bett verließ, um auf dem Stationsgang seine Gehübungen zu leisten, etwas, das um so wichtiger wurde, als er während der Zeit der Bettlägerigkeit und infolge der schmerzbedingten Bewegungseinschränkung erste Zeichen einer Muskelatrophie im Bereich der Beine zeigte. Wenn die Schwester vergessen hatte, eine bestimmte Tablette in das dafür vorgesehene Fach seines Medikamentenetuis zu sortieren, meldete er sich unverzüglich. Über jedes einzelne der ihm verordneten Medikamente wußte er Bescheid. Aufgrund seiner bescheidenen und zurückhaltenden Art wurde er nie ungehalten, wenn er einmal länger auf benötigte Hilfe warten mußte. Und er bestand darauf, die antiviralen Medikamente gegen HIV weiterhin einzunehmen. Etwas, wovon wir ärztlicherseits sonst absehen, wenn daneben noch viele andere Medikamente in der aktuellen Krisensituation erforderlich geworden sind. Er biß sich förmlich durch die veranschlagte Fülle von Tabletten und Kapseln; stellenweise waren es mehr als 20. Ich habe ihn nie jammern oder fluchen gehört in meiner Anwesenheit, auch ein Weinen verbot er sich unter meinen Augen, selbst in den Augenblicken, in denen es aus meiner Sicht nahe gewesen wäre, nahe war.

Bei der täglichen Visite ging es nicht nur um Medizinisches, um seine körperlichen Beschwerden, um Fortschritte oder das Warten darauf, die Übelkeit und das zeitweise Erbrechen. Es ging auch um Musik, um sein Repertoire, seine Erfolge, über die er fast verschämt sprach, und nur, wenn man Interesse zeigte. Ich kann mich gut erinnern, wie Paul eines Tages, als ich zu ihm hereintrat, eine Symphonie im Bett mit geschlossenen Augen dirigierte. Ja, mein Eindruck ist, daß die Musik ihm viel Kraft gab auf seinem Weg. Und es durfte auch gelacht werden! Ich empfand es als wohltuend und befreiend, wenn Paul einen Witz erzählte. Oder wenn er in ironisierender Weise über eine Fernsehsendung, die wir beide gesehen hatten, sprach.

Dann kam der Tag, an dem das Ergebnis der Lumbalpunktion vorlag. In der Rückenmarksflüssigkeit ließen sich ohne Zweifel Bestandteile jenes Virus nachweisen, das ihm die Augen(hintergrunds)entzündung verursacht hatte. Trotz der prophylaktisch gegebenen Infusionen war die CMV-Erkrankung (Cytomegalievirus-Erkrankung) wieder aufgebrochen und hatte diesmal zu einer Polyradikulitis, der Entzündung der Nervenwurzeln im Rückenmarkskanal geführt. Als ich zu Paul ins Zimmer trat, um ihm den Befund mit all seinen Konsequenzen mitzuteilen, wartete er mit einer spürbaren inneren Spannung auf mich. Mir waren vor diesem Ergebnis immer wieder Zweifel gekommen, ob Paul bei all den medizinischen Bemühungen der letzten Wochen je wieder an sein Leben draußen in ungebrochener Weise würde anknüpfen können. Das war immer sein und unser Ziel und Bemühen gewesen. Für ihn hing schließlich davon auch seine berufliche Zukunft ab. Der Arbeitgeber drängte auf eine eindeutige Antwort. Schon einmal hatte ich ein ärztliches Attest geschrieben, das die Arbeitsunfähigkeit für Wochen attestierte. Es war klar, daß sein Arbeitsvertrag nun in Gefahr stand. Leben hieß für ihn Musik machen, und umgekehrt. Mit diesem Ergebnis kamen in mir auch grundsätzliche Zweifel auf, ob Paul es diesmal schaffen würde, diese Krise zu überstehen. Sollte ich ihm meine Zweifel mitteilen?

Nach einigen eher beiläufigen Worten, die wir miteinander wechselten, so wurde es von ihm und mir gepflegt – Paul war ein vornehmer und distinguierter Mensch, und er verabscheute es, wenn man mit der Tür ins Haus fiel –, erzählte ich ihm von dem neuerlichen Befund und dem Vorliegen einer CMV-Infektion im Bereich der Nervenwurzeln. Ich erklärte ihm, welche therapeutischen Möglichkeiten wir hätten und was es dabei zu beachten gäbe. Ich gab ihm zu verstehen, daß ein sichtbarer Therapieerfolg auch auf sich warten lassen könnte, daß es letztlich keine Garantie gäbe für einen Erfolg, daß es ein Versuch sein würde, diese Cytomegalieviren zurückzudrängen. Die Möglichkeit der vollständigen Beseitigung der Viren aus dem Körper gäbe es nicht. Die Infektion wäre ein untrügliches Zeichen, daß seine Immunabwehr quasi gänzlich darniederläge. Paul hörte geduldig zu, ließ sich die möglichen Nebenwirkungen der Kombinationstherapie erklären, die in Form von täglich vier Infusionen auf ihn wartete, und die mehrere Stunden des Tages in Anspruch nehmen würde. Und er fragte nach den Chancen eines Therapieerfolges. Aufmerksam musterte er wohl jede Bewegung in meinem Gesicht, ich fühlte mich jedenfalls ob der Authentizität meiner Darstellung geprüft. Und ich gab ihm zu verstehen, daß ich ihm nichts versprechen könne, und daß die Therapie einen Versuch darstelle, seine einstige Beweglichkeit und seine Sensibilität in den Beinen und Armen wiederherzustellen. Gerade dies beschäftigte ihn, denn die Gretchenfrage war für ihn: Kann ich jemals wieder Cello spielen? Alles andere schien für ihn keine Rolle zu spielen. Er stimmte nach einer kurzen Bedenkpause rasch zu. Noch am Nachmittag desselben Tages ließ er sich einen sogenannten zentralvenösen Katheter in eine der großen Halsvenen legen. Für die geplante Therapie war ein solcher erforderlich geworden. Einen Port besaß er noch nicht wieder. Paul wollte unverzüglich mit der Therapie beginnen. Erst später fragte ich mich, ob er eine andere Wahl gehabt hätte. Für ihn selbst hatte es in diesem Augenblick keine reale Alternative gegeben, denn die Alternative hätte gelautet: ich gebe auf, ich kapituliere! Und dies kam für ihn, so wie ich ihn wahrnahm, nicht in Frage, nicht zu diesem Zeitpunkt. Was Paul wußte, was jeder Betroffene weiß, daß diese Infektion ihn letztendlich sterben ließe, es lag plötzlich erschreckend nah.

Die seelische Verarbeitung einer HIV-Infektion ist ein langer und schmerzhafter Prozeß. Die unterschiedlichen Reaktionen und Emotionen – Verleugnung, Aggressionen und Wutausbrüche, Depressionen, Trauerreaktionen und Ohnmachtsgefühle bis hin zur Resignation – sind Versuche der Anpassung und Bewältigung. Für Paul gab es offensichtlich keinen Grund, über seinen nahenden Tod zu sprechen. Gleichwohl wußte er immer, worum es ging. Er hatte mir immer die richtigen Fragen gestellt, er wollte seine Situation wissen, wollte die ärztliche Einschätzung in seinem Falle kennen, er fragte immer nach den Chancen. Die Begrenztheiten ließ er sich wort- und kommentarlos mitteilen. Weder die ihn pflegenden Schwestern noch meine Kollegen oder ich hatten jemals ein Wort über seine Leiden oder seinen kommenden Tod aus seinem Munde gehört. Gelegenheiten dazu gab es immer wieder, und es quälte mich der Gedanke, ob ich bisher vielleicht nicht die richtigen Worte, den richtigen Zugang zu ihm gefunden hatte. Oder war es nicht sein Wunsch, sein Bedürfnis zu sprechen?

Wann, frage ich mich, soll ich bei einem Aidspatienten von einem sterbenden Menschen sprechen. Wann empfindet ein Patient selbst seine letzten Tage gekommen. Oft bis zuletzt ist weder für Arzt noch Patient klar, wohin der Weg diesmal führt. Die im Verlauf der HIV-Erkrankung immer häufiger werdenden Krankenhausaufenthalte, die längeren Liegezeiten, die kürzeren Rekreationsphasen, die wachsende Multimorbidität (mehrere Krankheiten gleichzeitig) stellen bei jeder erneuten Krise die Frage des »wie lange noch«. Bei jedem erneuten Aufenthalt stellt sich die Frage: Wird dies mein letzter sein? Komme ich diesmal noch heraus? Manche Patienten zögern aus diesem Grund mit zunehmenden Jahren ihrer Krankheit den Aufnahmetermin in die Klinik hinaus. Wer will es ihnen verdenken? Was ärztlich bedenklich erscheint, ist menschlich nachvollziehbar!

Ich versuchte, sobald es meine Zeit im Stationsalltag zuließ, Paul auch nachmittags einen Besuch abzustatten. Es blieb mir nicht verborgen, daß er in den letzten Tagen wortkarger geworden war. Er stellte weniger Fragen als bisher, und die Notizen auf dem Zettelchen, das er sich meist wegen seiner zunehmenden Vergeßlichkeit für die Morgenvisite zurechtgelegt hatte, nahmen ab. Die Kraft in seiner Hand war nicht wiedergekehrt. Eines Nachmittags bat er mich um ein Gespräch, ließ mich dies über die ihn betreuende Schwester ausrichten. Als ich zu ihm hereintrat, bemerkte ich in seinem Antlitz zum erstenmal die Spur einer

Traurigkeit, die ihn jedoch gelöster erscheinen ließ. Rasch kam er diesmal zur Sache, indem er mir mitteilte, daß er sein Engagement als Musiker für die laufende Sommersaison von sich aus gekündigt und dem Arbeitgeber mitgeteilt hätte, daß er in diesem Jahr nicht mehr zur Verfügung stünde. Dieser Schritt war ihm nicht leicht gefallen. Andererseits bedeutete er mir damit, daß er in die Langwierigkeit seiner derzeitigen Behandlung eingewilligt hatte. Wenn nicht sogar in mehr? Zweieinhalb Wochen waren vergangen, seitdem ich ihm den Befund der Polyradikulitis mitgeteilt hatte. Zwar hatte Ismail, der Krankengymnast, die kleinen Fortschritte erkennen können, bestimmte Beweglichkeiten seien wieder prüfbar, doch ein realer Durchbruch war nicht zu verzeichnen.

Zwei Tage später wies mich Schwester Manuela auf ein Geschwür am Ausgang der Harnröhre hin, das sie bei der täglichen Unterstützung von Pauls Körperpflege entdeckt hatte. Er selbst hatte es nicht bemerkt. Es sollte sich deswegen als wichtig herausstellen, weil diese Veränderung genau jener Nebenwirkung entsprach, die bei Verwendung einer der verordneten Medikamente auftreten konnte. Paul selbst gab erst auf Fragen hin ein leichtes Brennen in diesem Bereich an. Nachmittags aggravierte (verschlimmerte) sich diese Beobachtung durch den Tatbestand, daß die Laborwerte eine Einschränkung der Nierenfunktion anzeigten. Es war nicht daran zu rütteln, daß eine Unverträglichkeitsreaktion des Medikamentes bei Paul nunmehr aufgetreten war, die zum Pausieren, wenn nicht gar zum Abbruch der Therapie zwingen mußte. Der Gang zu ihm an diesem Nachmittag ist sehr schwer gefallen. Nachdem die Infusionstherapie bereits am Vormittag pausiert worden war, hatte ich nun die Aufgabe, Paul beizubringen, daß die Therapie auf nicht absehbare Zeit abzusetzen wäre, da sein Körper sie nicht weiter vertragen würde. Ich vermittelte Paul den Ernst der Situation, und daß ich keine Möglichkeit mehr sähe, die Infektion aufzuhalten, ohne seinen Körper noch mehr zu schädigen. Paul hörte sich meine Erklärungen schweigend an. Er wußte aus meinen früheren Erläuterungen, daß es keinen Ersatz für die nun abgebrochene Therapie gab. Schweigend saß nun auch ich an seiner Bettkante, unsere rechten Hände ruhten seit der Begrüßung ineinander. Er sah durch das Fenster, sein Blick schien in die Ferne gerichtet. Nach einer Weile des Schweigens ging ich hinaus.

Zwei Tage nach unserem Gespräch wirkte Paul gelassener als sonst. In seinem hohlwangigen Gesicht glänzten die dunklen Augen weniger fiebrig, das markante Kinn war freigelegt, die Schwester hatte ihn mit seinem Einverständnis rasiert. Die Begegnung erfolgte mehr durch Blicke als Worte. Paul war wortkarg. Durch die Beendigung der Infusionstherapie fühlte er sich körperlich wesentlich besser. Dennoch war das Gefühl der Erleichterung darüber nur kurz seinem Blick zu entnehmen. Ihm und mir war klar, die Therapie würde nun in den Hintergrund treten, nein, ihre Berechtigung verlieren. In den späten Stadien der Aidserkrankung läutet das Pausieren einer Therapie, dann deren Abbruch den Sterbeprozeß ein: einen überschaubaren Zeitraum von zumeist wenigen Wochen, in denen für den Arzt in der Regel klar ist, welche Komplikation den Patienten zum Tode führen wird. Das Essen fiel schwer, der Appetit fehlte, auch die Kraft, den Löffel zu halten. Es beruhigte mich, zu hören, daß Paul keine Schmerzen hatte, Schmerzen, die ihn so lange gequält hatten in seinen Beinen, bei Bewegung und in Ruhe. Das Morphium, das er nun schon seit Tagen bekommen hatte, zeigte die gewünschte gute Wirkung. Ein eigenständiges Umdrehen im Bett war Paul schon nicht mehr möglich.

Ich fühlte ein Engegefühl in meiner Brust. Es entsprach der Situation, in der sich Paul befand: jetzt wird es eng, will heißen, es gibt keine Chancen mehr. Die Blutwerte hatten sich zu alledem stark verändert, so daß an jede weitere Therapie nicht zu denken war. Fieber hatte sich wieder bei Paul eingestellt, und ich konnte mindestens drei Gründe für sein Fieber finden. Zudem aß Paul so gut wie nichts mehr. Ob bedingt durch das Fieber, sei es durch die bisherige Therapie, sei es durch HIV selbst, Paul hatte große Appetitlosigkeit. Für den Nachmittag hatte ich seine Frau Beatrice zu mir bestellt. In den Tagen zuvor hatte ich sie immer verpaßt, weil sie erst gegen Abend bei ihrem Mann erschienen war. Ihr Gesicht wirkte sehr müde und gezeichnet. Indem ich chronologisch Pauls Krankheitsverlauf der letzten Wochen in knappen Worten Revue passieren ließ, kam ich auf die bestehende Situation zu sprechen. Mit Bedauern mußte ich nun auch ihr eröffnen, daß es diesmal keine Chance mehr gebe, das Blatt zum Besseren zu wenden, und daß Paul in absehbarer Zeit sterben würde. In einem kurzen Weinkrampf sackte sie zusammen, um sich dann schnell wieder zu fassen. Sie hätte sich dies schon zusammengereimt, und ihr Mann Paul hätte ihr jedes Detail des Tage zu-

»Niemals geht man so ganz«: Die Begleitung eines Aids-Patienten

vor stattgefundenen Gesprächs erzählt. Sie hätten auch über den nahenden Tod gesprochen.

Die Aufklärung eines Menschen über seinen nahen Tod ist eine der elementaren und zugleich sensibelsten Aufgaben ärztlichen Handelns. Und es gibt meiner Meinung nach keine letztendlich gültige Wahrheit, wie es richtig ist, einem Menschen den vorhersehbaren Tod zu offenbaren. Ich meine, ein Arzt sollte seine eigene Einstellung zu Leben und Tod kennen, die Endlichkeit seines Handelns einsehen, den Tod als Gegebenheit menschlicher Existenz respektieren. Daneben erscheint es mir unabdingbar, neben den medizinischen Möglichkeiten die ethischen Aspekte menschlicher Existenz im Auge zu behalten: Nicht alles Machbare ist erlaubt! Angesichts HIV/Aids fällt es bisweilen schwer, einzuwilligen in die Endlichkeit ärztlicher Kunst, handelt es sich doch überwiegend um junge Menschen, die um ihren Lebensentwurf gebracht werden. Die Gefahr der Identifikation, der Projektion, der Übertragung ist leicht gegeben. Grundsätzlich weiß ein jeder HIV-positive Mensch, daß er aller Voraussicht nach an dieser Krankheit sterben wird. Es ist legitim und menschlich, daß dieses Wissen bisweilen verdrängt oder ausgeblendet wird. Wer von uns führt sich regelmäßig vor Augen, daß sein Leben begrenzt ist. Es ist jene Facette menschlichen Größenwahnsinns, bisweilen anzunehmen, man selbst könne der Sterblichkeit entfliehen. Immer wieder spiegelt sich auch in blindem medizinischen Aktionismus dieser Größenwahn, den Tod vielleicht doch zu besiegen. Mit Fortschreiten der erworbenen Immunschwäche wird es dem Betroffenen mehr und mehr unmöglich, der Realität des nahenden Todes auszuweichen. Andererseits haben gerade die medizinisch-therapeutischen Fortschritte der letzten Jahre die Hoffnung genährt, dieser Krankheit doch zu widerstehen, ihr nicht zu erliegen. Die Lebenszeiten bei HIV/Aids sind von drei Jahren in den Mittachtzigern auf heute circa zehn Jahre angestiegen. Dies erschwert es heutzutage bisweilen dem Patienten wie dem Arzt, den Zeitpunkt gekommen zu sehen, eine Therapie tatsächlich zu beenden.

Ein jeder Patient hat auch ein Recht auf Nichtwissen! Es kommt durchaus vor, daß Menschen im Angesicht des Todes ihre Situation verkennen, nicht wahrhaben wollen. Und dies, obwohl die Geschichte ihrer Erkrankung, die sie bei vielen Freunden und Bekannten vorweggenommen sahen, und die Zeichnung ihres Körpers sie darauf hinweisen. Daß sie die aufklärenden Feststellungen eines Arztes überhören, die ernsten Worte, daß sie das ernste Gesicht übersehen. Hier erscheint mir die letzte Aufklärungspflicht des Arztes sehr fragwürdig. Und es gibt Menschen – das habe ich von Paul gelernt –, die nicht über ihren bevorstehenden Tod sprechen wollen, obwohl sie darum wissen. Lange Zeit mutmaßte ich, Paul wolle die Bedenken, die Zweifel, die ich hatte, nicht hören, er wolle die sichtbaren Zeichen nicht wahrnehmen. War ich in meinen Andeutungen nicht deutlich genug, nicht eindeutig gewesen? Hatte ich ihm zuviel Hoffnung gegeben? Immer dann, wenn ich die Begrenztheit unserer Bemühungen anklingen ließ, schwieg er sich aus, wechselte das Thema, betonte die kleinen Fortschritte. Die Frage: »Werde ich sterben?«, vernahm ich nicht, und keine Äußerung, die in diese Richtung zielte. Hatte ich seine Zeichen einer Gesprächsbereitschaft nicht verstanden? Ich wußte, ich wollte mit ihm ins Gespräch kommen, wenn er nur ein Zeichen dazu gab. Die Ohnmacht, die ich in mir spürte, ließ mich nicht ruhen; ich stellte die Situation in meiner Balintgruppe, einer Supervisionsgruppe für Ärzte, vor. Nach eineinhalb Stunden fühlte ich mich leichter, und das, was ich von meinen Kollegen vernommen und auf den Weg bekommen hatte, beschäftigte mich in den nächsten Tagen. Und allmählich kristallisierten sich zwei »Wahrheiten« heraus, denen ich bisher zuwenig Bedeutung beigemessen hatte. Mir wurde klar, daß Paul nicht der Mensch war, der über seinen Tod sprechen, sein nahendes Ende verbalisieren wollte. Jedenfalls nicht mit seinem Arzt!

Und ich spürte, wie schwer ich selbst im Falle Pauls daran trug, seinen körperlichen Verfall, sein nahes Ende nicht aufhalten zu können. Das, was ich schon zigfach in meinem Beruf gut tragen konnte, war mir mit Paul schwer möglich. Es dämmerte mir allmählich: selten hatte sich die Situation eines Patienten, der auf eigenen Beinen zu uns in die Klinik kam, in so kurzer Zeit verschlechtert, trotz aller Bemühungen, trotz aller kleinen Erfolge. In zwölf Wochen stationärer Behandlung war Paul – quasi unter unseren Augen, in unseren Händen – an den Rand seines Lebens gerutscht. Es lag nahe, mir vorzustellen, wir hätten diese Entwicklung unterstützt. Paul war in diesen Wochen nie zu Hause gewesen. Es war uns verwehrt geblieben, ihn noch einmal nach Hause zu entlassen.

Bei unserer letzten Begegnung sprachen wir kaum miteinander, meine Hand suchte seine Hand, sie wirkte kraftlos, und erst beim Abschied spürte ich im Druck den Gegendruck. Es gab nichts mehr zu sagen, was wesentlich gewesen wäre, und nichts, was ihn berechtigterweise hätte aufmuntern können. Es waren nurmehr die elementaren Bedürfnisse und Befindlichkeiten. Ob seine Frau heute noch käme, fragte ich. Er nickte stumm. Die klassische Musik, die er hörte, mochte ihn an seine frühere Arbeit und Bestimmung als Cellisten erinnern, und mir war, als spiele er im Geist das gehörte Konzert. Ich verabschiedete mich von ihm. Ich wußte, daß ich für vier Tage wegen eines Kongresses nicht vor Ort sein würde, und sagte ihm dies. Es war beredtes Schweigen, das uns in diesem Augenblick verband – und trennte.

Als ich vom Kongreß zurückgekehrt war, erfuhr ich von seinem Tod. Am zweiten Tag meiner Abwesenheit war er zur Mittagszeit verstorben. Seiner Frau soll er noch zwei Stunden vor seinem Tod gesagt haben, daß es ihm noch nie so schlecht gegangen sei wie augenblicklich. Er hat weniger lang gelitten als Freunde von ihm, hat später noch seine Frau zu mir gesagt, in dem Gespräch, das sie mit mir suchte. Er hat länger gelitten als andere Patienten, war Stunden vor seinem Tod noch bei vollem Bewußtsein, schmerzfrei, doch gewahr seiner ganzen Hinfälligkeit und Hilflosigkeit, dachte ich bei mir. Und ich war beschäftigt mit dem Tatbestand, daß ich am Tage seines Todes nicht anwesend war.

Der unmittelbare Abschied eines Sterbenden von seiner Umgebung, die Wahl des Zeitpunktes seines Todes wie auch die Vorbereitung darauf erscheint mir ein jedes Mal erneut einzigartig. Es kann sein, daß noch ein enger Freund oder die lange erwartete Mutter von weit angereist kommt, und erst in der Begegnung zu diesen Menschen die spürbare Anspannung des sterbenden Menschen sich löst. Im anderen Falle kommt genau diese Begegnung zu einem bestimmten Menschen nicht mehr zustande. Die einen sterben in Anwesenheit ihrer Familie und ihres Freundeskreises, andere genau dann, wenn der Besuch, und sei es nur für einen Augenblick, das Zimmer verlassen hat. Als Paul starb, war er allein. Er starb, als seine Ehefrau für einen Augenblick das Zimmer verlassen hatte. Im Nachhinein war mir, als wäre dies seine Wahl gewesen.

Ich werde mich nie ganz an das Sterben in meinem Alltag gewöhnen. Und ich will es nicht. Nicht deswegen, weil es mich daran erinnert, daß wir angesichts HIV/Aids nicht, noch nicht gewinnen können. Angesichts des ärztlichen Ideals zu heilen sind wir angehalten, die kleinen, bescheideneren Ziele ins Auge zu fassen, ohne uns deswegen schuldig oder insuffizient zu fühlen. Sterben ist meist keine schöne Sache. Nicht für den, der geht, und nicht für den, der zurückbleibt. Sterben ist jedoch eine zutiefst menschliche Angelegenheit. Abschied nehmen, loslassen, weggehen, sterben ist für mich dabei die eine Seite, sich erinnern, weiterleben, ankommen, die Hoffnung haben, die andere Seite. Zumindest für den, der zurückbleibt, gilt: Niemals geht man so ganz!

Kindertod

Unter Glas

Barbara Künzer-Riebel

In meinem Bauch ist ein riesiges Loch, in dem jemand wie ein Wilder mit einem Messer herumfuhrwerkt. Bitte, er soll aufhören, es ist nicht auszuhalten! Eine Schwester ruft meinen Namen, ich soll aufwachen. Nein, wenn die Schmerzen dann noch stärker werden, will ich lieber weiterschlafen, es reicht ja, wenn sie wissen, daß ich noch lebe.

Hermann spricht mich an, und mir fällt wieder ein, warum ich hier liege. Meine erste Frage gilt dem Kleinen, unserem Sohn, wie es ihm geht und ob er gesund sei. Ja, er ist gesund, war nur ein wenig schlaff nach der Geburt, hatte eine Schnappatmung, man hat ihn intubiert, dann ging es ihm besser. Nun liegt Matthias auf der Intensivstation im Brutkasten. Hermann war bereits bei ihm, nach der Entbindung, als klar war, daß ich noch in den Überwachungsraum muß. Er erzählt mir, daß Matthias ein hübscher kleiner Junge sei.

Ich habe Harndrang, aber mein Wunsch nach einer Bettpfanne wird abgetan; unmöglich, ich sei die ganze Zeit über katheterisiert gewesen. Ich könne nicht müssen. Der Gedanke an Matthias streift nur von fern mein Bewußtsein.

In der Kabine nebenan stöhnt eine Frau unter den Wehen, für einen Moment habe ich das Bild einer gebärenden Frau vor Augen. Ein entsetzlicher Druck liegt auf meiner Brust, macht mir das Atmen schwer. Will ich überhaupt atmen? Dann höre ich eine Tür gehen, und im selben Moment ertönt ein Babyschrei, ein Neugeborenenschrei. Schlagartig wird mir klar, daß ich Matthias' ersten Schrei nicht gehört habe. Auf meiner Brust liegen tonnenschwere Steine.

Ich bekomme ein Schmerzmittel, Hermann hat sich durchsetzen können. Was würde ich nur machen, wenn er nicht da wäre? Abgeschoben fühle ich mich: per Sectio entbunden, Kind auf der Intensivstation – kein Fall für den Kreißsaal. Ich bringe nur Unruhe und habe doch das Bedürfnis nach Fürsorge. Das scheint nicht legitim zu sein. Langsam schlafe ich ein.

Irgend etwas ruckelt, ich werde wach. Man hat mich auf mein Zimmer gefahren, ein Zweibettzimmer. Hermann hat sich auch darum gekümmert, erfahre ich später von ihm. Mit zwei oder drei anderen glücklichen Müttern in einem Zimmer zu liegen, würde mir in meiner Situation sehr schwer fallen. Das Gefühl der Unzulänglichkeit, nicht so zu sein wie andere Mütter, so wie sie in allen Büchern und Zeitschriften beschrieben werden, hat sich bereits eingestellt.

Wenn die Schmerzen in meinem Bauch weiterhin so stark bleiben, werde ich noch wahnsinnig! So muß sich eine Dauerwehe anfühlen! Eine Schwester schaut auf den Tropf und kontrolliert die Anzahl der durchlaufenden Tropfen, dann reduziert sie ein bißchen und meint, mehr könne sie nicht verantworten. Aber der Schmerz wird langsam erträglicher, eine gewisse körperliche Erleichterung stellt sich ein. Die körperliche und seelische Anspannung, durch die vorangegangenen Tage und Stunden ohnehin schon recht hoch, beginnt nachzulassen.

Gegen Abend bekomme ich von der Nachtschwester ein Schmerzmittel. Auch auf die Bettpfanne darf ich dieses Mal ohne große Probleme. Ich habe das erste Mal das Gefühl, daß sich jemand um mich kümmert, daß ich hier in der Klinik sein darf.

Wie mag es Matthias wohl gehen? Mein Bauch ist nicht mehr wie vorher, es ist alles bedrohlich geworden. Mein Baby fehlt mir.

Am nächsten Morgen ist der Platz neben meinem Bett frei, meine Nachbarin hat wohl entbunden. Das Aufstehen zum Waschen fällt mir unendlich schwer, ich habe das Gefühl, daß nicht nur mein frisch operierter Bauch »aus mir heraus fällt«, auch meine ganze Energie sackt zu Boden. Die Schwester spricht von »frisch gebackener Mutter«, aber ich kann das nicht mit mir in Zusammenhang bringen. Weder fühle ich mich »frisch gebacken« noch als Mutter. Eine Mutter hat ihr Kind bei sich, und eine glückliche Mutter hat nicht solche unendlich traurigen Ahnungen. Ja, die Gewißheit, daß ich Matthias nie in meinen Armen halten werde, macht sich immer deutlicher in mir breit. Warum nur!? Es

Unter Glas

sind doch alle optimistisch, sprechen mir Mut zu, preisen die Wunderdinge der Medizin. Ihre Worte erreichen meine Ohren, aber mein Herz läßt sie nicht an sich heran, kann es einfach nicht.

Hermann kommt und erzählt, daß es Matthias besser geht. Er hat eine gesundere Hautfarbe bekommen und zugegriffen, als Hermann seinen Finger in die kleine Hand gelegt hat. Er erzählt, wie er aussieht, daß er lockige, blonde Haare hat, niedliche kleine Ohren, eine Stupsnase und große Füße. Hermann darf so lange bei Matthias bleiben, wie er will, und er darf ihn auch streicheln. Wenigstens er darf bei unserem Baby sein. Ich spüre, wie es mich traurig macht, mein Kind nicht berühren zu können, ihm nicht nahe sein zu können. Auch ich will es sehen, will mir sein Gesicht einprägen. Diesen Platz in meinem Herzen mit ihm füllen; mit positiven Gedanken, die die anderen, die dunklen, verdrängen.

Wut steigt in mir auf: Könnte ich bei unserem Kind sein, hätten die dunklen Wolken in meinen Gedanken keinen Platz. Ich hätte etwas, an das ich konkret denken könnte, könnte sicher auch die Hoffnung, die dann in mir wachsen würde, an unseren Sohn weitergeben. Doch ich liege hier, verkabelt mit allerlei Schläuchen, unfähig, auch nur einen Schritt zu tun.

Ich beginne, die Vormilch abzupumpen. Ich möchte, daß Matthias so bald wie möglich meine Milch bekommt. Er wird wohl sogenannte »Frauenmilch«, d. h. gespendete Milch bekommen. Aber es sollen nicht andere für ihn sorgen, es ist doch meine Aufgabe, die ich von hier aus kaum wahrnehmen kann. Es ist ein deprimierendes Gefühl, die Milch, die eigentlich fürs Baby gedacht war, wegzuschütten, aber solange ich Medikamente bekomme, kann meine Milch nicht gegeben werden.

Statt einer Bettpfanne bringt man mir auf mein Klingeln einen Rollstuhl mit Loch im Sitz, er wird ans Waschbecken gestellt. Mit Mühe erreiche ich den etwa zwei Meter entfernten Stuhl. Mir ist übel, meine Knie zittern, und mein Bauch fühlt sich an, als läge er zwischen meinen Füßen und würde nur durch diese mit mir vorwärts geschoben. Ich komme mir vor wie ein Hund, der nach gelungener Leistung seine Belohnung bekommt. Warum müssen meine Beine so weit herunterhängen? Gibt es denn keine Fußstütze an diesem Stuhl? Meine Bettnachbarin hat zum

Stillen eine Fußbank bekommen, damit sie bequemer sitzt. Mir würde so eine Bank helfen, leichter aus dem Bett heraus zu kommen, diesen großen Abstand zwischen Matratze und Fußboden zu überwinden.

Ich will ja nicht wehleidig sein, ich will selbst etwas tun können, nicht so hilflos sein. Selbst die Dinge in die Hand nehmen, das tun, was ich für richtig halte. Oder nicht? Doch, aber gleichzeitig will ich auch gehalten werden, gepflegt und beschützt. Wo ist derjenige, der mir das hier alles abnimmt, mich in seinen Armen wiegt und sagt »Es wird alles gut!«? Ich bin so gespalten in meinen Gefühlen, so etwas habe ich noch nicht erlebt.

Hermann kommt von Matthias zurück. Er ist optimistisch, daß jetzt alles überstanden ist. Matthias hat sein Geburtsgewicht von gut 1 900 Gramm bislang halten können. Er wird über eine Sonde am Kopf ernährt. Dieser Gedanke ist mir alles andere als angenehm, mir wird übel bei der Vorstellung, daß eine Kanüle in die Kopfvene eingeführt wird, auch wenn sie lebenswichtig ist und der Ernährung dient. Was wird mit unserem Sohn alles angestellt? Mir ist, als spüre ich selbst die Einstiche in seine Haut. Wäre mein Körper wie der anderer Frauen, könnte ich unser Kind bei mir haben, es stillen. Es müßte nicht so leiden.

Hermann sieht angegriffen aus. Die Hetzerei zwischen Matthias, mir und zu Hause ist sicher nicht erholsam. Aber ich bin ihm dankbar dafür, daß er bei unserem Sohn ist, dann ist Matthias nicht so allein. Auf meine Frage, wie es ihm geht, ob er nicht müde sei, winkt er nur ab. Es sei ja bald alles überstanden, ich solle nur erst wieder gesund werden. Höre ich da Sorge um meine Gesundheit? Aber ich bin doch nicht krank, Matthias braucht uns viel mehr!

Morgen werde ich fragen, wann ich Matthias sehen darf. Mein Bedürfnis, ihn zu sehen, ihn endlich kennenzulernen, nachdem er fast neun Monate in mir gelebt hat, wird immer stärker. Es ist, als ob ich mir die ganze Schwangerschaft nur eingebildet habe. Ich rufe mir die Erinnerungen an die letzten Monate ins Gedächtnis zurück, es ist alles, was ich im Moment von ihm habe.

Unter Glas

Heute ist mein dritter Tag im Krankenhaus. Meine erste Frage zur Visite gilt Matthias und dem Besuch bei ihm. Der Arzt winkt ab, das wäre jetzt nicht möglich. Man hätte bei unserem Baby eine Sepsis festgestellt und könne noch nicht sagen, woher die komme. Eventuell wäre ich der Überträger, und da müsse man mit Kontaktpersonen äußerst vorsichtig sein. Ich solle gleich anschließend für einen Abstrich ins Untersuchungszimmer kommen.

Ich bin enttäuscht und traurig, ich hatte gar keine Schwierigkeiten gesehen, in die Kinderklinik fahren zu können. Da ich für den Weg zum Waschbecken meinen Toiletten-Rollstuhl gehabt habe, ist es doch sicher auch möglich, mich mit einem Rollstuhl zu Matthias zu bringen. Hermann übernimmt das gern. Und die anhängenden Flaschen dürften doch auch kein Problem sein, wenn ich damit zu Fuß auf die Toilette vorlaufen, oder besser, mich vorschieben kann. Aber wenn ich tatsächlich an Matthias Erkrankung schuld bin, verzichte ich natürlich darauf, ihn zu sehen. Ich möchte ihm nicht noch mehr schaden.

Immer noch habe ich keine Fußbank, um besser und schmerzfreier aus dem Bett zu kommen, doch auf meine Bitte hin leiht mir meine Nachbarin ihre aus. Ich schiebe mich, gebeugt wie eine alte Frau, mit den Händen fest den Flaschenverteiler packend, den Gang entlang auf die Toilette. Es sind nicht nur fünf Meter, die ich überwinden muß. Kein Mensch begegnet mir unterwegs. So ähnlich könnte es auf einer Wüstendurchquerung sein. Der Blick in den Toilettenspiegel zeigt mir das Gesicht einer alten, verbrauchten Frau, ohne Hoffnung, auch ein Stück weit gedemütigt. Wo ist die fröhliche, »frisch gebackene« Mutter?

Hermann berichtet Neues von Matthias; er erzählt, daß er wegen der Sepsis starke Antibiotika bekommt. Das Ergebnis meines Abstrichs wird frühestens morgen da sein, so lange muß ich noch warten, bis ich Matthias endlich sehen darf.

Die Aufregungen der letzten Tage, und wohl auch die Hormonumstellung machen sich bemerkbar – endlich fange ich an zu heulen, heule alle Wut und Enttäuschung aus mir heraus. Ich weine um ein Kind, daß ich gar nicht kenne, das man im OP aus mir herausgeschnitten hat, von dem ich nur aus Erzählungen meines Mannes weiß, wie es aussieht. Und wer sagt, daß ich überhaupt alles über seinen Gesundheitszustand weiß? Kein Arzt kommt zu mir und erzählt mir von Matthias, kein Anruf von der Kinderklinik, obwohl ich ein Telefon an meinem Bett stehen habe. Die Nummer der Kinderstation »wird 'rausgesucht«, aber nach so vielen Stunden habe ich keine Kraft mehr, darum zu kämpfen.

Wieder bin ich mir sicher, daß ich Matthias nie sehen werde. Ich sage Hermann unumwunden, so, wie die Worte in mir drin sind, daß ich glaube, daß unser Baby sterben wird. Er nimmt mich entsetzt in die Arme, versucht, mich zu trösten. Er sagt, daß es ihm nicht so schlecht geht, wie ich mir das vorstelle, aber ich kann ihm nicht glauben. In mir ist nur dumpfe Verzweiflung und immer wieder die Worte: »Aus, vorbei«. Nichts gibt es mehr. Nie wieder will ich ein Kind bekommen, egal, ob Matthias überlebt oder nicht! Nie wieder! Diese so viele Monate durch Übelkeit beeinträchtigte Schwangerschaft, dann die drei schrecklichen Wochen vor der Entbindung, als der Verdacht einer Plazentainsuffizienz auftaucht, sich erhärtet. Meine dunklen Vorahnungen, die in der gesamten Schwangerschaft mal mehr, mal weniger stark zu spüren waren, dieser verdammte Kaiserschnitt – und nun auch noch alles umsonst! Ich möchte mich auflösen, nicht mehr sein.

Heute ist Dienstag, und auch heute findet man, daß es besser sei, wenn ich meinen Sohn nicht besuche. Das Untersuchungsergebnis läge auch noch gar nicht vor. Warum soll ich Matthias nicht sehen? Wer seid ihr, daß ihr beurteilen könnt, was für mich besser ist? Ich will mein Kind sehen, und ich fürchte, wenn ich es nicht bald besuchen kann, braucht ihr keine neuen Ausreden mehr zu finden! Wieder schlägt Verzweiflung über mir zusammen, am liebsten würde ich laut schreien. Doch selbst dazu reicht die Kraft jetzt nicht. Ich sinke in mich zusammen, unfähig, endlich selbst etwas zu tun und nicht immer auf andere angewiesen zu sein.

Niemand hat mir zu Matthias' Geburt gratuliert, es ist eine seltsame Atmosphäre. Hermann hat mir ein paar Blumen mitgebracht, aber sie wirken genauso traurig, wie wir beide uns fühlen. Die wenigen, die von Matthias' Geburt wissen, fragen zwar nach seinem Befinden, aber es liegt so etwas Düsteres über allem, so, als ob der Tod unabwendbar sei. Ich bin selber nicht sehr optimistisch, aber so ein paar kleine Funken von außen ergeben zusammen auch ein bißchen Licht. Kann uns denn niemand helfen?

Endlich, am Nachmittag des vierten Tages, kommt ein Arzt von der Kinderstation zu mir und berichtet von Matthias. Er gibt seiner Verwunderung darüber Ausdruck, daß ich so gar nichts von Matthias' Zustand wissen wolle, es gäbe keine Eintragungen auf seiner Station, daß ich mich nach unserem Baby erkundigt hätte. Er ist der Meinung, daß ich ein Anrecht darauf habe, zu erfahren, wie es um unser Kind stünde. Ich versuche ihm zu erklären, daß mich das alles sehr wohl interessieren würde, aber daß man hier auf dieser Station wohl der Meinung sei, es gäbe nicht Wissenswertes zu erfragen bzw. zu erzählen.

Ich spüre, wie ich wach werde, wie mein Körper aktiv wird, seine Sinne einschaltet. Jetzt, jetzt werde ich ernst genommen, jetzt passiert etwas Wichtiges. Der Kinderarzt, ein älterer Mann, sagt mir ohne große Umschweife, daß Matthias' Chancen 50 zu 50 stünden. Im Augenblick sieht es nicht gut aus, aber man könne auch nicht sagen, daß unser Baby keine Möglichkeit mehr habe zu überleben. Mir steigt das Blut in den Kopf, um gleich darauf fast bis in die Zehen zu sinken. Mein Herz setzt aus, beginnt dann holpernd wieder zu schlagen, wenn auch viel zu schnell. Ja, ich habe es gewußt. Es trifft alles ein, was schon die ganze Zeit über in meinem Kopf war.

Die Ursache für die Sepsis ist noch nicht gefunden, es werden andere Medikamente ausprobiert, um den Sauerstoffgehalt im Blut wieder hochzubekommen und den Körper vor den Vergiftungserscheinungen zu bewahren. Matthias bekommt mittlerweile Sauerstoff. Der Arzt ist sehr nett. Auch wenn er mir diese traurigen Nachrichten bringt, fühle ich mich wohl in seiner Gegenwart. Geborgen, ja das scheint das richtige Wort zu sein. Ihm vertraue ich, er wird zusammen mit seinem Team sicher alles tun, was in seiner Macht steht, um unserem Baby zu helfen.

Ich bin ihm dankbar für seinen Besuch. Endlich hat jemand mit mir gesprochen, hat die Dinge offengelegt, nicht um die Wahrheit herum geredet. Aber er hat mir auch Hoffnung mitgebracht, die Hoffnung, daß er sich bemüht, Matthias' Leben zu retten. Warum hat mir keiner gesagt, daß es so schlecht um unser Baby steht? Als der Arzt gegangen ist, bricht meine Selbstbeherrschung zusammen, ich schleiche auf die Toilette und weine mich endlich richtig aus.

Als Hermann etwas später kommt, ist er nicht gerade erfreut über mein neues Wissen; scheinbar haben er und mein entbindender Arzt ausgemacht, daß ich, so lange es mir selbst nicht so gut geht, nicht erfahren soll, wie es um das Baby steht. Ich bin wütend, denn ich finde, mir steht trotz oder gerade wegen meines etwas desolaten Zustandes ein genauer Bericht zu. Gerade dieses Nicht-Wissen läßt so viele Möglichkeiten offen, und da ich ohnehin dazu neige, immer das Schlimmste zu befürchten, kommen mir meine Spekulationen nur recht. Man hat es nur gut mit mir gemeint! Ist das auch der Grund, warum ich nicht zu meinem Kind darf? Mich schonen wollen, wo ich doch nichts sehnlicher möchte, als Matthias endlich sehen zu können?

Am nächsten Tag rufe ich in der Kinderklinik auf Matthias' Station an. Endlich weiß ich, daß meine Fragen erwünscht sind. Ein netter Kollege gibt mir sofort ausführlich Auskunft. Matthias hat eine Lungenentzündung, und sie wissen nicht, ob sie die in den Griff bekommen, sie sei schon recht weit fortgeschritten. Was man anfänglich für Sepsis gehalten habe, wären die ersten Anzeichen dieser Lungenentzündung gewesen. Zwar habe man vorübergehend zusätzlich noch einen Herzfehler vermutet, aber das Ultraschallbild hätte keinerlei Anhaltspunkte dafür ergeben. Auch sonst sei Matthias organisch gesund. Sie tun, was sie können.

Ganz klar sehe ich die Station vor mir, obwohl ich noch nie in meinem Leben auf einer Intensivstation war, geschweige denn auf einer Kinderintensivstation. Da liegt mein Kind, allein in seinem Inkubator, ohne meine Stimme, ohne Hermanns wärmende Hände. Nein, es ist nicht *mein* Kind, es ist *ein* Kind. Ein Kind, das mit mir irgendwie zu tun hat. Es war viele Monate in meinem Bauch. Doch *mein* Kind? Ich weiß nur, daß es dringend Hilfe braucht, und ahne, daß es fast schon zu spät ist.

Am frühen Nachmittag kommt Hermann zu mir und berichtet, daß man ihn gefragt habe, ob wir einer Dialyse zustimmen würden. Matthias' Nieren hätten Probleme, die durch die Medikamente anfallenden

Giftstoffe auszuscheiden. Allerdings sei eine Dialyse bei so kleinen Kindern immer problematisch. Was sollen wir denn machen? Stimmen wir nicht zu, wird der Körper unseres Kindes vergiftet, und es stirbt. Stimmen wir zu, kann auch die Dialyse unter Umständen Negatives bringen. Warum kann uns niemand diese Entscheidung abnehmen? Warum müssen wir Entscheidungen fällen, von denen wir im Grunde keine Ahnung haben? Wie können wir das Risiko abschätzen? Wie gern würden wir die Verantwortung aus der Hand geben, nicht mehr zuständig sein. Nicht mehr verantwortlich sein für ein Kind, das um sein Leben ringt. So haben wir das alles nicht gewollt! Und doch wollen wir wissen, was mit unserem Baby passiert, wir wollen etwas für unseren Sohn tun. Wir wollen nicht daneben stehen und mit den Schultern zucken. Wir wollen Verantwortung übernehmen, wie wir es auch mit unserem gesunden Kind getan hätten. Wir überlegen lange, entscheiden uns schließlich für die Dialyse.

Ein Wunsch drängt sich in mir auf, der immer mehr Raum einnimmt: Wenn Matthias nicht leben soll, dann soll es bald vorbei sein. Dann soll er nicht so lange gequält werden. Und auch ich nicht.

Das Ergebnis meines Abstrichs liegt vor, aber das ist ja nun nicht mehr wichtig; natürlich ist es negativ. Wo hat Matthias die Lungenentzündung her? Die Erklärung wird sich finden.

Meine Mutter ruft an und fragt, wie es mir geht. Besser als noch vor zwei Tagen, aber dem Kleinen geht es schlechter. Das findet sie zwar nicht schön, meint aber im selben Moment, daß es ja nicht so schlimm sei, wenn »das Kind« – Matthias! – nicht überleben würde, ich sei ja noch so jung und könne noch andere Kinder haben. Ich beende das Gespräch so schnell wie möglich. Es trifft mich, noch nicht einmal Verständnis bei der eigenen Mutter zu finden. Das da draußen ist eine andere Welt, die nichts mit mir zu tun hat. Hier, in der Klinik, passieren andere Sachen. Das Bild einer Käseglocke schiebt sich vor meine Augen. Ich bin unter dem Glas. Gefangen, unentrinnbar.

Es kommt Besuch, Matthias' künftige Patentante, gemeinsame Freunde. Die angehende Patentante möchte ihr Mündel gern sehen, und sie will mit Hermann einen Termin auf der Station vereinbaren. Ich bin so glücklich, daß sich auch jemand außerhalb der Klinik für unseren Sohn interessiert! Ja, er lebt, und wenn er für andere auch existiert, dann schafft er es bestimmt!

Unsere Freunde dagegen versuchen, über völlig belanglose Dinge zu sprechen. Matthias wird mit keinem Wort erwähnt, auch nicht, daß ich durch Sectio statt normal entbunden habe. Dafür erfahre ich, daß eine weitere Frau aus unserem Bekanntenkreis schwanger ist. Als der letzte Besuch geht, kommen die Tränen in Sturzbächen. Warum tun alle, als sei nichts passiert?

Jetzt will ich es wissen. Mühevoll versuche ich, den Weg von meinem Zimmer aus der Station heraus zu finden. Ich war ja noch nie woanders als auf der Toilette. Dann fällt mir ein, daß ich am Stationszimmer vorbei muß und daß ich sicher gefragt werde, wo ich denn hin wolle. Also suche ich einen anderen Ausgang, hier gibt es viele Gänge, und meist auch Verbindungen zu anderen Stationen. Daß ich nur mit einem Nachthemd bekleidet bin, fällt mir nicht auf. Der Wunsch, endlich mein Kind zu sehen und ihm nahe zu sein, läßt mich an nichts anderes denken.

Doch erschöpft muß ich aufgeben. Kurz vor der nächsten großen Durchgangstür sinke ich auf den kalten Linoleumboden, bleibe an die Wand gelehnt sitzen. Meine Kräfte reichen nicht aus, das Haus zu verlassen, auch wenn meine Gedanken schon weit voraus sind. Zwei in ein Gespräch vertiefte Ärzte gehen an mir vorbei, nehmen mich gar nicht wahr. Wahrscheinlich halten sie mich für einen Sack mit Schmutzwäsche. »Nicht für mich bestimmt, wird sich schon jemand drum kümmern«. Es kümmert sich niemand, mit großer Mühe gelange ich wieder in mein Zimmer und über die Fußbank meiner Nachbarin ins Bett. Zusammengekauert liege ich unter der Decke. Ich kann noch nicht mal mehr weinen.

Hermann ist bei Freunden eingeladen, ein Fußballspiel im Fernsehen anzusehen. Als das Spiel vorbei ist, kommt er zu mir, er ist sichtlich müde, zu nichts mehr fähig. Wir beschließen, gleich in der Kinderklinik anzurufen, um zu hören, wie es Matthias geht, denn Hermann war heute nachmittag noch nicht auf der Station. Wir erfahren, daß die Dialyse scheinbar erfolgreich verlaufen ist, der Sauerstoffwert im Blut ist gestiegen. Erleichtert fallen wir uns in die Arme. Ich spüre meinen Körper kribbeln, wach werden. In mir singt es: »Er hat es geschafft!« Ich bin trunken vor Glück. Hermann nimmt die gute Nachricht zum Anlaß, gleich nach Hause zu fahren, er ist furchtbar erschöpft. Er möchte nur noch schlafen.

In dieser Nacht kann ich etwas besser schlafen, und als ich am nächsten Morgen gegen sechs Uhr auf die Toilette gehe – das geht dieses Mal viel besser – scheint nach sechs Tagen das erste Mal die Sonne wieder. Ein breiter Lichtstreifen leuchtet auf dem Flur. Sollte das ein gutes Omen sein? Die Nachtschwester kommt mir entgegen; sie erzählt, daß Matthias eine gute Nacht gehabt hätte. Es ginge ihm sichtlich besser. Ich weine vor Freude, spüre Erleichterung. Ja, es stimmt, jetzt wird doch noch alles gut! Vergessen die traurigen Gedanken, das tiefe Loch, in das ich immer wieder gefallen bin. Meinem Kind geht es besser, viel besser, und mir geht es auch hervorragend. Gleich nachher, nach der Visite, werde ich in die Kinderklinik gehen, Hermann wird mich begleiten, und wir beide werden endlich, endlich mit Matthias zusammen sein dürfen! Ein dicker Kloß sitzt in meiner Kehle, vor Freude könnte ich fast schon wieder weinen.

Ungeduldig warte ich auf die Visite. Endlich kommt der Professor, zusammen mit der Stationsschwester. Heute ist Feiertag, und da gibt es nur eine kleine Visite. Mit aller Entschlossenheit, zu der ich im Moment überhaupt fähig bin, frage ich, wann ich heute zu Matthias gehen könnte. Dieses Mal gibt es kein: »Abwarten, morgen vielleicht, jetzt noch nicht«. Ich gehe, auch wenn Du »Nein« sagst!

Der Arzt sieht mich auf meine Frage hin nur an und meint, daß es besser sei, wenn ich jetzt zu unserem Baby gehen würde: »Es ist an der Zeit«. Mir rutscht fast das Herz weg, setzt einen Schlag aus, um dann loszurasen. Mein Kopf dröhnt, ich höre die Worte wie von weit her. Eben hieß es doch noch, Matthias gehe es gut! Was soll das? Hat er denn noch nicht gehört, wie die Nacht war? Er muß sich irren! Ich möchte ihm sagen, er solle im Stationsbuch nachgucken, dort steht, daß es unserem Baby besser geht, daß es aussieht, als ob es diesen Berg am Anfang seines kleinen Lebens überwunden hat. Aber ich weiß, daß das nichts nützen wird. Es ist aus.

Völlig konfus rufe ich Hermann an, der meint, er müsse sich zuerst noch die Zähne putzen, er könne unmöglich so in die Klinik kommen. Ich will ihn mit meinem Wissen nicht verängstigen, versuche deshalb verzweifelt, ihn mit anderen Argumenten zu überzeugen. Er muß doch verstehen, daß ich es eilig habe! Nach sechs Tagen habe ich endlich die Erlaubnis bekommen, den Kleinen zu sehen, und das will ich so schnell wie möglich. Warum, sage ich nicht.

Ich kann nicht mehr ruhig sitzen, habe mich, so schnell es geht, angezogen und laufe nun auf dem Flur hin und her. Allein schaffe ich den weiten Weg in die Kinderklinik nicht. Weit? Gestern noch schien er mir allein zu bewältigen! Mein Herz schlägt bis zum Hals, in meinem Kopf ist nur ein Satz: »Ich will zu Matthias, ich will zu Matthias!«. Je öfter ich mir diese Worte sage, um so eindringlicher werden sie. Wahrscheinlich ist es eine Art Hypnose: Sage ich es mir oft genug vor, bin ich von allein bei ihm. Warum dauert es so lange, bis Hermann die zehn Kilometer bis hierher gefahren ist? Heute ist doch Feiertag, da ist doch morgens um halb zehn Uhr kaum jemand unterwegs! Ob er doch noch anderes erledigt hat?

Endlich kommt er, und ich erzähle ihm, wie es tatsächlich um Matthias steht. Wir beeilen uns, zum Auto zu kommen, auch wenn ich doch größere Probleme mit dem Laufen habe, als ich dachte. Ich meine, es dauert eine Ewigkeit, bis wir die wenigen Meter von der Frauenklinik zur Kinderklinik gefahren sind, die Pforte passiert und endlich einen Parkplatz gefunden haben. Hermann ist auch jetzt noch optimistisch, er glaubt nicht, daß es so schlimm um Matthias steht. Als alter Pessimist male ich doch nur wieder schwarz! Während wir durch die Gänge hasten, so schnell es meine Beine überhaupt erlauben, fühle ich, wie ich immer mehr ICH werde, wie ich wieder in meinen alten Körper hineingleite. Mein Schritt wird fester, wenn auch nicht schneller, mein Atem füllt mich ganz aus. Bis in die Fingerspitzen spüre ich ihn.

Dann stehen wir vor der Intensivabteilung. Bevor wir hinein dürfen, müssen wir eine Schürze anziehen und unsere Hände desinfizieren. Hätte ich das nicht auch schon gestern und vorgestern tun können? Mir leuchtet diese Schleusen-Bestimmung ein, und dennoch kommt es mir vor, als sei der Weg zu meinem Kind nur mit Hindernissen gepflastert! Der Desinfektionsgeruch brennt sich in mein Gehirn, nie werde ich ihn vergessen.

Unter Glas

Endlich dürfen wir in das Krankenzimmer. Noch nie war ich auf einer Intensivstation. Überall piepsen Geräte, stehen Inkubatoren, liegen winzig kleine Babys. Nie hätte ich gedacht, daß so viele Kinder in einem Raum liegen. Alles kleine Menschen, die um ihr Leben kämpfen. Hermann zeigt mir »unseren« Kasten, an dem ein Arzt steht. Er schaut uns an, und sein Gesicht zeigt mir, daß alles vorbei ist. Eben, als wir hereingekommen sind, haben wir einen langen Piepston gehört. Es war der Überwachungston von Matthias' Herz. Es hat aufgehört zu schlagen.

Ich spüre, wie mir das Blut einen Moment lang aus dem Gehirn sackt, dann geht es wieder besser. Warum hast du nicht auf mich gewartet, Matthias? Ich konnte doch nicht eher kommen!

Da liegt ein kleines Baby in einem gläsernen Kasten mit zwei Öffnungen, die mit gefalteten Manschetten verschlossen sind. Durch sie kann man hineingreifen und Matthias streicheln. Er ist ein schmales, aber nicht dünnes oder faltiges Baby mit tatsächlich großen Füßen. Es hat die Füße von seinem Papa! Langsam gleitet mein Blick nach oben, über seine so weiche, samtige Haut, vorbei an seinen schmalen Hüften, über seinen Bauch zum Köpfchen, das auf der Seite liegt. Es sieht aus, als ob er schlafen würde. Ein hübsches Baby. Und das war in mir, das habe ich tatsächlich geboren!

Bei diesem Gedanken kommen mir die Tränen. Matthias wäre tatsächlich ein hübscher Junge geworden. Er sieht genau so aus, wie ich ihn mir in meinen Gedanken vorgestellt habe, ruhig, sensibel, mit den dunkelblonden Locken, die er schon ganz am Anfang der Schwangerschaft in meinen Vorstellungen hatte. Am liebsten möchte ich ihn in den Arm nehmen, ihn an mich drücken, ihn spüren. Seinen Geruch in mich aufsaugen, diese zarte Haut an meiner Wange fühlen.

Ich traue mich nicht, diesen Wunsch zu äußern. So etwas hat sicher noch niemand machen wollen, und ist es nicht auch so, daß man Tote in Ruhe lassen soll? »Pietätlos, abartig, verrückt« – wer weiß, was sie noch alles über mich sagen würden. Und dann stecken sie mich wieder in die Klinik, bewachen und beobachten mich, ob ich vielleicht noch mehr komische Gedanken habe. Nein, ich verwehre mir diesen Wunsch, aus Angst, nicht dem zu entsprechen, was man von mir erwartet.

Der behandelnde Arzt macht mir die Klappen am Inkubator auf, damit ich Matthias streicheln kann; auch wenn er mich nicht mehr sehen und spüren kann, so möchte wenigstens ich ihn berühren und betrachten. Er ist so warm, und er sieht so friedlich aus, als wenn er schlafen würde. Ist er denn tatsächlich tot?

Ich sehe nach Hermann, der völlig fassungslos vor dem Brutkasten steht. Er kann es nicht begreifen, daß wir Matthias nun nie mit nach Hause nehmen werden. Und er war immer so optimistisch! Hat an ein gutes Ende geglaubt.

Wir nehmen Abschied von unserem Kind.

So richtig verstehen kann auch hier auf der Station niemand Matthias' Tod. Die Schwestern halten sich an den anderen Inkubatoren auf, nur der Arzt bleibt bei uns. Alles wurde für Matthias getan, und gestern sah es noch so gut für ihn aus. Wie kann sich das Schicksal so schnell wenden?

Hermann spricht die Möglichkeit einer Obduktion an; man wollte uns gerade danach fragen. Im Hinblick auf eine weitere Schwangerschaft wäre es vielleicht wichtig zu erfahren, was die genaue Ursache für die Lungenentzündung gewesen ist. Der Gedanke an eine Obduktion ist mir im Moment unerträglich, jetzt, wo Matthias gerade ein paar Minuten tot ist. Ich fühle mich außerstande, hier eine Entscheidung zu treffen. Aufschneiden, ausnehmen, untersuchen – nein, nicht mein Kind, das da so ruhig auf seinem Lammfell liegt. Schließlich sehe ich ein, daß eine pathologische Untersuchung uns weiterhelfen kann. Ich verdränge alle fürchterlichen Gedanken und willige ein. Meine Stimme erscheint mir fest und klar, und in meinem Inneren gibt es nur einen Satz, der mich ganz ausfüllt: »Es ist vorbei.«

Wir fahren zurück in die Frauenklinik, ich bitte die Schwester, nach Hause gehen zu dürfen. Es wäre mir unerträglich, noch länger hierzubleiben. Ich bekomme Abstilltabletten mit dem Hinweis, daß eventuell Kreislaufprobleme oder Übelkeit auftreten könnten, doch das interessiert mich jetzt überhaupt nicht. Was ist das gegen den Tod unseres Kindes? Kein persönliches Wort, keine Frage zu Matthias. Die medizinische Seite ist von der Kinderklinik übermittelt worden, das reicht wohl.

Während ich meine Sachen packe, kommt meine Bettnachbarin herein. Sie hat von der Stationsschwester von Matthias' Tod gehört. Sie nimmt mich in den Arm und erzählt mir, daß auch sie ein Kind im fünften Schwangerschaftsmonat verloren hat. Ich bin wie versteinert. Nichts kommt an mich heran, dringt in mich ein.

Als ich zu Hause mühevoll aus dem Auto steige, werde ich mir zum ersten Mal meiner leeren Hände bewußt. Hände, in denen unser Baby auf der Heimfahrt hätte gehalten werden sollen. Hände, die Matthias in unsere Wohnung getragen, ihn in sein Bett gelegt hätten. Die ihn zugedeckt und gestreichelt hätten. Leer. Leer, wie auch ich mich fühle, leer, verbraucht, unnütz. Am liebsten wäre ich tot.

Plötzlicher Kindstod

Margit & Ralf Handels

Der Tod unseres Kindes hat uns wie eine Kugel aus dem Hinterhalt getroffen. Nicht, daß wir danach nicht mehr gelebt hätten. Biologisch ging unser Leben weiter. Nur in unseren Empfindungen fühlten wir uns in eine fremde Welt versetzt, in der wir uns nicht auskannten und die nicht den gewohnten Halt bot. Wir waren aus dem friedlichen, harmonischen Strom unseres Familienlebens gerissen und konnten kaum noch einen vertrauten Gedanken fassen. Der Schock war einfach zu groß, und wir fühlten uns vollständig in unserem Schmerz gefangen.

Dabei war es »nur« das letzte unserer fünf Kinder, das uns vorzeitig verlassen hatte und dessen leere Hülle wir nun beweinten. Zunächst immer noch in der Hoffnung, sein Körper werde sich wieder mit Leben füllen, bis wir allmählich erkannten, daß sein Tod unwiderruflich und endgültig war.

Wir hatten keinerlei Anlaß gehabt, den Tod unseres Kindes zu befürchten. Es war nie ernsthaft krank gewesen, viel weniger als unsere anderen Kinder. Selbst der Eintritt in diese Welt war ihm zusammen mit seiner Zwillingsschwester durch einen Kaiserschnitt erleichtert worden. Bald hatte es das Gewicht seiner Schwester eingeholt, und es entwickelte sich zu einem prächtigen Jungen. Alle Ärzte, die es untersuchten, waren von seiner Gesundheit überzeugt.

Natürlich können auch gesunde Kinder sterben. Sie können vom Wickeltisch fallen, in einem Teich ertrinken, versehentlich von den Eltern oder Geschwistern erdrückt werden oder unter ein Auto geraten. Auch unser Kind war einmal verunglückt, als seine große Schwester zusammen mit ihm stürzte und er mit dem Kopf auf den Boden schlug. Das war ein großer Schreck, aber ernsthaft verletzt hatte er sich nicht.

Tausend Vorkommnisse aus den 207 Tagen, die unser Kind gelebt hatte, erlebten wir in den Tagen und Nächten nach seinem Tod im Geist noch einmal. Nacht für Nacht wiederholte sich sein Tod in unserer aufgewühlten Phantasie. Wir fühlten uns endlos schuldig und hatten das Gefühl, unser Leben sei nichts mehr wert. Unsere Erholung beschränkte sich auf wenige Stunden Schlaf im Morgengrauen, einer Mischung von unruhigem Dösen und tiefer Betäubung infolge der Erschöpfung.

Unsere ersten drei Kinder, die damals 10, 9 und 4 Jahre alt waren, wurden nach dem anfänglichen Schock von Furcht um ihr eigenes Leben erfaßt und stellten immer wieder die bange Frage: »Muß ich denn jetzt auch bald sterben?«. Wir alle waren wie im Sog eines Strudels, der keinen klaren Gedanken aufkommen ließ. Kein Essen schmeckte uns, nichts war mehr wie bisher, alles fühlte sich schal und leer an. Es war so, daß eher der Tod mit uns umging, als wir mit dem Tod.

Wir erhielten viel Trost von Freunden und Bekannten. Mehr Briefe haben wir nie erhalten. Viele wollten uns stützen und uns neuen Lebensmut geben. Aber die Leere in uns konnte keiner der liebenden Menschen ausfüllen. Der Tod hatte uns unser Kind weggenommen, und wir wußten nicht, wohin mit unserem Schmerz.

Nach fünf grauen Tagen trugen wir seine leere, atemlose Hülle zu Grabe, aber die Beerdigung half uns nicht bei der Lösung des Rätsels, das uns aufgegeben war. Lange Zeit schafften wir es nicht, uns mit der Wirklichkeit abzufinden. Wir lebten mehr in der Vergangenheit als in der Gegenwart. Immer wieder schrien wir den Namen unseres Kindes. Unsere Liebe wollte die Trennung nicht zulassen.

Es vergingen Monate, ehe wir unser Kind innerlich loslassen konnten. Bis wir einsahen, daß es in eine andere Welt gegangen war und nicht mehr sicht- und greifbar zu uns zurückkehren würde.

Wir lasen viel in dieser Zeit: Bücher über »Nahtoderlebnisse«, aber auch die Bibel. Viele Fragen stellten sich uns. Was bleibt, wenn der Körper stirbt und zerfällt? Warum dürfen wir leben, während unser Kind sterben mußte? Oder, warum müssen wir weiterleben, während unser Kind sterben durfte? Warum leben wir überhaupt?

In den durchwachten Nächten nach dem Tod unseres Kindes sahen wir manchmal den Engel, der uns durch seine Gegenwart tröstete.

Hatte Jesus nicht gesagt: »Glücklich sind diejenigen, welche Leid tragen, denn sie werden getröstet werden«? Wir wurden getröstet und gehalten, bis wir das Schlimmste überstanden hatten. Der Engel leuchtete hinein in unsere Dunkelheit, bis wir erkannten, daß unser Kind weiterlebt in jener anderen Welt, die uns Lebenden nicht zugänglich ist.

Einen vorzeigbaren Beweis hatten wir nicht. Wir hatten nur den leblosen Körper unseres Kindes erlebt, den wir der Erde zurückgegeben hatten. Seine Seele konnten wir nicht fassen. Aber selbst, wenn wir uns irrten, so war doch die Annahme eines Weiterlebens nach dem Tod besser.

Liest man die Zahlen in den Statistiktabelle, könnte man meinen, jeder Mensch wird heute mindestens 70 Jahre. Aber auch heute noch sterben Kinder. Und der Tod kommt immer zu früh. Wir sind überzeugt, daß ein Leben nicht verloren ist, daß es kein fehlgeschlagener Versuch ist, auch wenn es nur so kurze Zeit währt wie bei unserem Kind. Unsere Wahrheit ist: Wir leben weiter als eine Familie, nur leben wir seit dem Tod unseres Kindes in zwei verschiedenen Welten.

Benni[1]

Marianne Wulf

Als ich am Mittag des 21. April 1994 mit einer guten Freundin von einem geschäftlichen Termin nach Hause kam und eine Gruppe von Klassenkameraden mit dem Schulranzen und dem Fahrradhelm unseres Sohnes Benjamin vor der Tür warten sah, überfiel mich sofort der Gedanke, daß hier irgend etwas nicht stimmen konnte. Ich sah nur in sprachlose, traurige, erschreckte und geschockte Gesichter. Keiner wollte mir Rede und Antwort stehen. Endlich hatte ein Freund von Benni den Mut, mir unter Tränen stockend zu berichten, daß plötzlich ein Lastwagen da war, der Benni vom Fahrrad riß, ihn durch die Luft schleuderte, wo er dann mit dem Kopf auf den Kantstein prallte.

Ich stürmte ins Haus zu unserem Telefon und sah aufgrund der angezeigten Gespräche auf unserem Anrufbeantworter, daß man x-mal versucht hatte, uns telefonisch zu erreichen. Ein Anruf in Bennis Schule ergab, daß ich mich umgehend im UKE (Universitäts-Krankenhaus Eppendorf) melden sollte. Benni hätte einen Verkehrsunfall gehabt. Es sähe aber wohl nicht so schlimm aus. Im ersten Moment wußte ich gar nicht, wo ich die Telefonnummer vom UKE finden sollte. Gott sei Dank war mir meine Freundin bei der Suche behilflich. Ich selbst war unfähig, auch nur einen klaren Gedanken zu fassen.

Inzwischen rief mein Mann, den man ebenfalls informiert hatte, bei mir an und erzählte mir, er wäre auf dem Weg ins Krankenhaus. Wir sollten uns keine Sorgen machen, Benni hätte einen »kleinen Unfall« gehabt. Ich sollte erst einmal zu Hause bleiben und abwarten.

---

[1] Vortrag im Altonaer Kinderkrankenhaus vom 25. November 1994, der erstmals in der Zeitschrift »Verwaiste Eltern. Leben mit dem Tod eines Kindes« (7/1995) abgedruckt wurde. Die Veröffentlichung des leicht gekürzten Textes erfolgt mit freundlicher Genehmigung der Autorin sowie der Schriftleitung und des Verlages.

Nach etlichen Versuchen, mich mit der richtigen Aufnahmeabteilung in UKE zu verbinden, erklärte mir ein Arzt aus dem Krankenhaus, ich solle mir doch bitte ein Taxi nehmen und sofort ins Krankenhaus kommen. In diesem Moment hatten sich meine schlimmsten Befürchtungen bestätigt: Es mußte etwas Schreckliches mit Benni passiert sein. Als ich mit meiner Freundin auf die bestellte Taxe wartete, überfiel mich diese gähnende Leere, diese Hilflosigkeit, diese Trockenheit im Mund und dieses Gefühl, daß ich einfach nur Komparse in einem schlechten Film war. Wie gelähmt saß ich im Taxi und rauchte eine Zigarette nach der anderen. Mir kam diese Taxifahrt endlos lang vor.

Endlich hatte ich mein Ziel erreicht, stürmte in den Vorraum der Unfall-Aufnahme und sah Gott sei Dank meinen Mann, der sich mitten in einem Gespräch mit einem Arzt befand. Hier kann ich mich nur auf die Erzählungen meines Mannes berufen. Er hatte inzwischen die Information erhalten, daß Benni bei dem Aufprall einen schweren Schädelbasisbruch erlitten hatte und zur Zeit Untersuchungen stattfänden. Es würde aber insgesamt wenig Hoffnung bestehen. Der Professor sprach hier von einem Prozent Überlebenschance. Wir sollten uns aber auf eine längere Wartezeit einrichten. Das Gespräch lief in einer kühlen, sachlichen, informativen Atmosphäre ab. Mein Mann hatte diese Informationen aufgenommen. Ab da beschäftigte sich das Gehirn meines Mannes sozusagen auf zwei Ebenen. Auf der einen Seite setzte der Schock ein mit der Überlegung der Konsequenz, auf der anderen Seite wurden die alltäglichen Termine aufgezeigt und telefonisch abgesagt. In dieser Phase fühlte sich mein Mann schon alleingelassen, wobei er nicht sagen konnte, was oder wie ihm hätte geholfen werden können. Mein Mann erzählte mir erst viel später, daß er, als er die Konsequenz begriffen hatte, nur noch den einen Wunsch hatte, mich zu schützen.

Irgendwie spürte ich die allgemeine Betroffenheit der Ärzte. Ich hatte das Gefühl, selbst das Aufnahmepersonal hatte ernste Mienen. Und das Leben ging weiter. Patienten kamen und gingen. Eine typische Krankenhausatmosphäre. Alles lief ab wie im Film. Weder mein Mann noch ich waren zu irgendwelchen Tränen fähig. Wir fühlten uns wie in Trance. Man bot uns Kaffee an, und wir rauchten eine Zigarette nach der anderen. Warten, warten und noch mal warten. Zwischendurch bekamen wir wieder Informationen von dem Professor. Immer das gleiche: ein

Prozent Überlebenschance. Aber immerhin ein Prozent!!! Also eine Chance.

Ich nahm mir ein Taxi und fuhr zu meiner nicht weit vom Krankenhaus entfernt lebenden Mutter. Auch hier das Geschehene unfaßbar. Auch hier keine Tränen, einen Cognac, viele Zigaretten und das Gefühl, man befände sich in einer Watteumhüllung. Schock, Unfähigkeit zu denken.

Unser inzwischen ins Krankenhaus herbeigerufener ältester Sohn rief mich bei meiner Mutter an und erzählte mir, daß wir jetzt Benni auf der Intensivstation sehen dürften. Eine Freundin holte mich bei meiner Mutter ab und begleitete mich ins Krankenhaus. Ich war auf das Schlimmste gefaßt. Ich erwartete größere sichtbare Verletzungen und blutige Verbände. Man hatte uns vorgewarnt, Bennis Haare wäre rasiert, um seine Kopfverletzungen behandeln zu können. »Seine schönen Haare«, schoß mir durch den Kopf. Aber endlich zu Benni. Vielleicht hatten sich die Ärzte geirrt: ein Prozent Hoffnung!!

Der Stationsarzt der Intensivstation hatte zwischenzeitlich mit meinem Mann ein Gespräch über den Zustand von Benni: gleicher Inhalt wie gehabt, nur andere Worte. Erst Wochen später erzählte mein Mann mir, daß, als er am Bett von Benni stand, sich die Schlauchverbindung der Beatmung löste, was bei der Schwester im Raum Hektik auslöste. Die Verbindung wurde wieder hergestellt – ohne Kommentar. Alles Zwischenmenschliche wurde durch Betriebsamkeit und Sachlichkeit gebannt. Es wurden Getränke und Stühle angeboten, aber keine Gefühle.

Im Vorraum der Intensivstation angekommen, stülpten meine Freundin und ich uns ungeschickt die grünen oder blauen Kittel über und betraten Bennis Krankenzimmer. Ich hätte vorher nie eine Intensivstation freiwillig betreten. Man kennt so etwas ja nur vom Film oder Fernsehen.

Als ich Benni dann dort liegen sah, hatte ich eigentlich das Gefühl, alles ist gar nicht so schlimm. Ich sah die vielen Schläuche, die Monitore, die irgendwelche Kurven anzeigten, links am Bett hing ein Beutel, wo der Urin aufgefangen wurde. Keine sichtbaren Verletzungen, keine blutigen Verbände, keine abrasierten Haare, nur eine kleine Schramme auf der Nase und auf der rechten Wange. Der Anblick von Benjamin erschien mir zwar schrecklich, aber nicht hoffnungslos, denn alle Apparate, an die Benni angeschlossen war, taten, wie ich es als Laie beurteilen wollte, ihre Dienste und gaben mir ein eher beruhigendes Gefühl. Ich traute mich nur sehr zaghaft, seine Haut, seine Wangen zu berühren, immer mit der Angst, ich könnte etwas an den vielen Apparaturen aus Ungeschicklichkeit verändern, was ihm vielleicht schaden könnte. Den Merkzettel am Eingang der Intensivstation hatte ich verständlicherweise nicht zur Kenntnis genommen.

Kein Arzt im Krankenzimmer, der uns irgendwelche Erklärungen abgab. Die diensthabende Schwester hatte zwar eine verbindliche, freundliche Ausstrahlung, doch sie hielt sich diskret im Hintergrund bereit, sofort zu helfen. Doch keiner von uns fühlte sich in der Lage, irgendwelche Fragen zu stellen. Ich konnte keinen klaren Gedanken fassen. Und immer dieses Gefühl, den Kopf in Watte gepackt zu haben. Ich stand wie gelähmt vor Bennis Bett und habe ihn einfach nur angestarrt. Ich konnte es nicht fassen. Ich erinnere mich noch an seine warme Haut und konnte nicht begreifen, daß mein Kind nicht mehr leben sollte, wo doch aus meiner Sicht alle Organe funktionierten.

Es ergab sich, warum kann ich heute noch nicht sagen, daß wir uns anschickten, nach Hause zu fahren. »Wir könnten im Moment nichts machen, nur abwarten«, sagte man uns. Selbstverständlich könnten wir jederzeit anrufen. Wir erhielten Telefonnummern sowie die Namen der diensthabenden Ärzte. Man versicherte uns, daß man uns sofort informieren würde, wenn sich irgend etwas an Bennis Zustand verändern würde. Es hatte uns niemand angeboten, die Nacht über an Bennis Bett zu bleiben. Wir selbst kamen nicht auf die Idee. Dafür saß der Schock viel zu tief. Erst nach Wochen wurde mir begreiflich, daß ich überhaupt keine Zeit gehabt hatte, von Benni Abschied zu nehmen. Und mit diesem Gefühl bin ich bis heute nicht fertig geworden. Ich glaube, wenn mir damals jemand gesagt hätte, ich solle aus dem Fenster springen, ich hätte es bedingungslos getan. Ich fühlte mich völlig willenlos und handlungsunfähig. Ich funktionierte einfach.

Wenn ich heute darüber nachdenke, finde ich es unverantwortlich, daß man meinen Mann mit dem eigenen Auto nach Hause fahren ließ. Heute können wir froh sein, daß wir auch hier beim Autofahren einfach funktionierten.

Zu Hause angekommen kamen uns endlich Tränen. Es war eine Erleichterung. Am Abend Telefonanrufe von Freunden, Verwandten, die sich nach dem Befinden von Benni erkundigten. Auch Trost. Viele Menschen seien auch nach Wochen wieder aus einem Koma erwacht und heute wieder gesund. Hoffnung. Tränen. Zigaretten. Unfähig etwas zu tun, zu denken, weiterzuleben.

In der schlaflosen Nacht riefen wir mehrmals im UKE an. Keine Veränderung. Gleicher Zustand. Endlich Morgen. Um 11.00 Uhr wollte uns unsere Freundin abholen, um uns ins Krankenhaus zu fahren. Im Vorraum der Intensivstation angekommen, teilte uns eine Schwester mit, die Untersuchungen seien noch nicht abgeschlossen, wir müßten noch warten. Wir gingen den Gang auf und ab, tranken den angebotenen Kaffee. Jetzt erst bemerkte ich die an der Eingangstür zur Intensivstation ausliegenden Verhaltensmaßregeln für Besucher, die ihre Angehörigen auf dieser Station besuchen. Man sollte mit den Patienten reden, sie streicheln, einfach nur da sein. Hätte man uns nicht gestern schon darauf aufmerksam machen können?

Endlich wurden wir hereingerufen. An dem ernsten Gesicht des Arztes erkannte ich sofort, daß uns eine Nachricht erwartete, die wir eigentlich nicht wahrhaben wollten, obwohl wir andererseits schon damit rechneten. Der Arzt fragte uns, ob wir erst zu unserem Kind wollten, oder gleich das Gespräch wünschten. Wir entschieden uns, erst nach unserem Kind zu sehen. Vielleicht waren wir so unbelasteter. Keine Veränderung bei Benni, nur das Pflaster auf der rechten Wange fehlte. Die Apparate funktionierten wie schon am Vortag einwandfrei, so wie ich das für mich beurteilen konnte. Die Schwester war wie immer freundlich zurückhaltend. Kein Arzt am Krankenbett unseres Sohnes, geschweige denn ein Seelsorger. Keine Hilfe, keine Erklärungen. Wir standen oder saßen nur an Bennis Bett, hielten seine Hand oder streichelten seine Wange. Fühlten uns leerer im Kopf als je zuvor.

Dann suchten wir den Arzt auf, um die endgültige Diagnose zu hören. Er erklärte uns wieder ganz sachlich, daß bei Benni bei sämtlichen Untersuchungen und Messungen keine Hirnströme mehr festgestellt werden konnten. Ich weiß noch, daß ich den Arzt immer wieder fragte, ob man sich vielleicht doch geirrt hätte. Er schüttelte nur den Kopf. Von diesem Moment an weiß ich nur noch, daß ich unaufhörlich geweint habe. Wir stimmten selbstverständlich zu, als wir gefragt wurden, ob wir bereit wären, Bennis Organe zu spenden. Darüber waren mein Mann und ich uns schon vorher einig gewesen. Die letzte Frage, die uns der Arzt stellte, war, ob er noch irgend etwas für uns tun könnte. Ich bat um ein Beruhigungsmittel, das man mir aus einer anderen Abteilung des Krankenhauses brachte. Dann ein letztes Mal zu Benni. Ich weiß nicht mehr, wie lange wir an seinem Bett saßen oder standen. Aber es war einfach zu kurz. Und wieder niemand, der einfach nur da war, um uns in irgendeiner Art und Weise beizustehen, oder einfach nur unser Leid mit auszuhalten.

Am Nachmittag des 22. April 1994 – an Bennis Todestag – hatte mein Mann auf seinem Anrufbeantworter im Büro die Nachricht, daß man Bennis Maschinen etwa um 15.00 Uhr abgeschaltet hätte. Später auf seinem Totenschein stand als Todesstunde 13.15 Uhr.

Trauer nach perinatalem Kindstod: Umgang mit dem Kindstod in der Frauenklinik

Karl-Heinz Wehkamp

Ehe ein Menschenleben richtig begonnen hat, kann es schon beendet sein. Diese Erfahrung machen alle Frauen, die eine Fehlgeburt, eine Totgeburt oder einen Schwangerschaftsabbruch erleben. Auch die Frauen, deren Kind während oder nach der Geburt stirbt, erleiden die Erfahrung des Lebensendes am Lebensanfang. Auch wenn die perinatale Sterblichkeit (die Sterblichkeit unmittelbar vor, während oder nach der Geburt) in Deutschland inzwischen bei sieben Promille liegt und damit eine bisher kaum vorstellbare Sicherheit der Geburt möglich geworden ist, sind doch unter Berücksichtigung der Fehlgeburten viele Frauen von einem solchen Ereignis betroffen.

Im Rahmen gynäkologischer Anamnesen und im Rahmen familientherapeutischer Praxis stößt man beim Nachfragen auf viele solcher Ereignisse. Meist muß aber sehr gezielt gefragt werden, da die am Lebensanfang Verstorbenen oft unter einer Decke des scheinbaren Vergessens verhüllt sind. Noch alte und sehr alte Frauen beschreiben dann plötzlich detailliert und unter deutlichem Ausdruck verschiedener Gefühle die lange zurückliegenden Ereignisse.

Dabei fällt auf, daß die Kinder in der Regel anonym geblieben sind und nicht in die Lebensgeschichte der Frau, und schon gar nicht ihrer Familie, integriert wurden. Sie bewohnen quasi einen abgedunkelten Nebenraum in der Seele der Frau, in dem sie mit dem Prädikat »nicht richtig« abgelagert worden waren: Es war keine »richtige Schwangerschaft«, keine »richtige Geburt«, kein »richtiges Kind«. Es hat keinen Namen und zumeist auch kein richtiges Grab. Es ist wie ausgetilgt, und doch hat es seine Spuren hinterlassen.

Die Konzepte des Umgangs mit dem perinatalen Kindstod beruhen nur sehr bedingt auf wissenschaftlichen Grundlagen, die herkömmlichen noch weniger als die neuen. Ein breiteres Umdenken hin zu den »neuen Konzepten« hat in den 80er Jahren begonnen. Bis dahin ging man in den Kliniken von der Vorstellung aus, die Konfrontation der Mutter mit dem Kindstod sei besser zu vermeiden, so daß man das Ereignis mehr oder weniger leugnete. Die Mutter (die Eltern) sollte(n) das Kind nicht sehen, nicht an es denken, sich mit einer neuen Schwangerschaft trösten lassen. Es war, als hätte es nie ein Kind gegeben, das den Anspruch gehabt hätte, in die Familienreihe aufgenommen zu werden. Es bekam keinen Namen, es bekam kein Grab, gegenüber Verwandten wurde nicht darüber gesprochen. Das tote Kind wurde totgeschwiegen. Mütter, die zum Versuch der Rettung ihres Kindes einen Kaiserschnitt bekommen hatten, wurden durch medizinische Autorität ans Bett gefesselt und blieben oft tagelang im unklaren über das Schicksal ihres Kindes.

Die Körper der verstorbenen Föten oder Kinder wurden zumeist sachlich »entsorgt«, ohne daß die Mütter sie angesehen hatten. Oder sie wurden in einer Nierenschale weggebracht, »weggeschmissen« oder sogar (bis nach dem Kriege) in der Heizung verbrannt. Diesen Ereignissen und Vorgängen maß man kein Gewicht bei, sie schienen einer professionellen (geschweige denn wissenschaftlichen) Beachtung ebenso wenig würdig zu sein wie einer rituellen Zeremonie.

In den 80er Jahren fanden sich im deutschen und internationalen medizinischen Schrifttum zunehmend mehr Veröffentlichungen, die ein anderes klinisches Vorgehen vorschlugen und dies mit psychiatrisch/psychologischen Theorien und Studien sowie mit den dabei gesammelten positiven Erfahrungen begründeten. Der Schmerz um den Tod eines Kindes am Lebensanfang wurde ernster genommen, und damit wurde die Trauer wieder entdeckt. Dies erwies sich nun in doppelter Hinsicht als bedeutsam: als eine elementar menschliche und darin inbegriffen spirituelle Auseinandersetzung mit dem Tod und dem Leben und als ein in psycho-hygienischer Sicht »heilsamer« Vorgang.

- Der schwedische Psychiater *Cullberg* erhärtete durch mehrere Studien die These, daß eine bewußte Auseinandersetzung mit dem Kindstod seelische Folgeschäden bei den Müttern verhindern bzw. vermindern kann.
- Erfahrungen aus der Familientherapie zeigten ferner, daß »verlorene Kinder« im Geflecht der Generationen durchaus ihren Platz einnehmen und damit von unbewußtem Einfluß auf die Lebenden, auch in den Folgegenerationen, sein können.

– Schließlich wurden aus Neugeborenen-Intensivstationen und aus einzelnen Frauenkliniken Berichte veröffentlicht, die von guten Erfahrungen bei der bewußten Auseinandersetzung mit dem Kindstod, insbesondere als gefördertes und begleitetes Abschiednehmen, berichteten.

In dieser Zeit formierten sich rasch an Zahl und Vernetzung zunehmende Selbsthilfegruppen von betroffenen Eltern wie z. B. »Regenbogen e.V.«, und in allen westlichen Ländern wurde teils von der Psychologie, teils von der Seelsorge die heilsame Funktion der Trauer und der Rituale wiederentdeckt.

Die neuen Konzepte des klinischen Umgangs mit dem Kindstod glichen sich in ihren Grundpositionen weitgehend, und bis heute gibt es hierzu kaum wesentliche Veränderungen. Eines der ersten Modelle wurde von unserer Psychosomatischen Arbeitsgruppe an der Frauenklinik des Bremer Zentralkrankenhauses St.-Jürgen-Straße systematisch entwickelt und eingesetzt. Durch eine Initiative Bremer KrankenhausseelsorgerInnen wurde es bald an allen Bremer Frauenkliniken mehr oder weniger breit akzeptiert, obwohl es letztlich doch immer dem Engagement der einzelnen ÄrztInnen und Hebammen überlassen blieb, ob und wie das Modell umgesetzt wurde.

Die anfangs nur von wenigen Autoren und Kliniken vorgeschlagenen Empfehlungen sind inzwischen weit verbreitet und haben in die Fachpresse, in Kongresse und Lehrbücher der Geburtshilfe Eingang gefunden. Bis heute sind wissenschaftliche Studien allerdings spärlich, und es ist deutlich, daß eine wissenschaftliche Begleitforschung weder eine berufspolitische noch eine ökonomisch-politische Lobby besitzt.

Der Leitgedanke des neuen Vorgehens akzeptiert einerseits die hohe seelische Bedeutung des Kindstods für die Mutter und ihre Familie, anderseits betont er die heilsame Kraft der realen Wahrnehmung und der begleiteten Konfrontation. Die Geburt wahrnehmen, das tote Kind sinnlich erfassen (anschauen, anfassen etc.), sich dem Schmerz aussetzen, den Tod als Tod realisieren, die Trauer als ein Verfahren der Selbstheilung verstehen, das Kind als Kind in die Lebens- und Familiengeschichte integrieren, ihm Namen und Grab geben, die Mutter und ggf.

ihren Mann und ihre lebenden Kinder mit einbeziehen oder doch zumindest zu bedenken, das sind die Kernpunkte des sich als »psycho-prophylaktisch« und z. T. auch als seelsorgerlich versehenden Konzepts.

Das Abschiednehmen vom Kind als Kernpunkt des Umgangs mit dem perinatalen Kindstod in der Frauenklinik stellt sich für die unterschiedlich Betroffenen je unterschiedlich dar. Es kann als elementares Moment menschlicher Kultur und gesellschaftlichen Umgangs verstanden werden, hat insofern moralische Qualität und ist deshalb auch von ethischem Interesse.

Aus einer anderen Perspektive ist das Abschiednehmen eine Herausforderung an die Medizin und die Pflege. Eine gut geführte Klinik muß die Rahmenbedingungen für ein Abschiednehmenkönnen bereitstellen: qualifiziertes und motiviertes Personal, Zeit, Räumlichkeiten, einige materielle Ressourcen. In den folgenden Tabellen finden sich Empfehlungen aus der Praxis an die Mutter bzw. das Paar, Grundregeln für das Vorgehen in der Geburtsklinik sowie Leitlinien für ÄrztInnen und andere HelferInnen.

Tab. 1 Klinische Grundregeln in der Geburtsklinik

- Den perinatalen Kindstod als eine medizinische und psycho-prophylaktische Aufgabe akzeptieren
- Räumliche Bedingungen zum Abschiednehmen von dem Kind ermöglichen
- ÄrztInnen, Hebammen, Schwestern sowie SeelsorgerInnen und PsychologInnen in angemessene Umgangsweisen mit den betroffenen Frauen/Paaren einweisen und Supervision ermöglichen
- Sprechende, zuhörende und begleitende Medizin praktizieren
- Die Frau/das Paar begleiten bei der Geburt und beim Anschauen des Kindes
- Erinnerungsmöglichkeiten sichern (z. B. Fotos)
- Gute Analgesie (Schmerzbehandlung), keine Psychopharmaka
- Wenn möglich Einzelzimmer mit Aufenthaltsmöglichkeit für den Partner
- Postpartale (nachgeburtliche) Begleitung, Entlassungsgespräch, Ansprechen möglicher Schuldkomplexe bei der Frau/dem Paar
- Aufklärung über Todesursachen

Für die *Frauen*, die ihr erwartetes Kind verlieren, ist dies oft eine Tragödie, die in ihrer Lebensgeschichte ein prägendes Ereignis bleibt. Aus psychologischer Sicht kann von einem Trauma gesprochen werden, das unter Umständen schwere seelische Beeinträchtigungen zur Folge hat. Diese können sich manifestieren als psychopathologische Phänomene wie Depressionen, Entwicklungsstörungen oder Beziehungsstörungen mit Auswirkungen auf Ehe, Familie, Partnerschaft oder Freundschaften. Verschiedene Studien sprechen für die Annahme, daß der perinatale Verlust eines Kindes nicht geringer, sondern oft eher schwerwiegender erlebt wird als der Tod eines nahestehenden Erwachsenen. Ebenso ist belegt, daß es häufiger zu Beziehungsstörungen und zu sexuellen Störungen kommt.

Tab. 2 Empfehlungen an die Mutter bzw. das Paar (ausgesprochen von GeburtshelferInnen, Hebammen, SeelsorgerInnen und PsychologInnen)

- Die Geburt bewußt erleben
- Das tote Kind betrachten und berühren
- Erinnerungen an das Kind sammeln
- Dem Kind einen Namen geben
- Es in die eigene Lebensgeschichte aufnehmen
- Ihm seinen Platz in der Familie geben
- Den Tod benennen lernen
- Mit anderen darüber sprechen lernen
- Mit Geschwisterkindern sprechen
- Tränen und Trauer zulassen
- Begräbnis, ggf. Beilegung

Aus der Sicht einer psychosomatisch orientierten Geburtshilfe stellen sich bei der Frau besondere Risikofaktoren ein, Belastungen, die auf die Fertilität (Fruchtbarkeit), die Familienplanung und den Verlauf folgender Schwangerschaften einen ungünstigen Einfluß nehmen können. Nachfolgende Schwangerschaften werden von den Frauen, ihren Partnern und von den betreuenden Geburtshelfern als besonders gefährdet betrachtet. Es gibt mehr Komplikationen, mehr operative Entbindungen, aber nicht mehr geschädigte Kinder.

Auch Väter und Angehörige, insbesondere bereits vorhandene Kinder der Frau können von dem Ereignis betroffen sein. Jüngere Untersuchungen zeigen, daß Väter stärker betroffen sind, als es zumeist angenommen wird. Kinder können sowohl manifest als auch verborgen nachhaltig reagieren und bedürfen unbedingt besonderer Aufmerksamkeit und Ansprache.

Aus der *Perspektive des ärztlichen Personals* bedeutet das Abschiednehmen von einem perinatal verstorbenen Kind die Konfrontation mit den Grenzen der ärztlichen Kunst. Hier werden fast in Vergessenheit geratene Tugenden verlangt: die der Demut und der Pietät. Beide sind im Denken und im Wortschatz der Medizin und unserer Gesellschaft schlecht vertreten.

MedizinerInnen sind es gewohnt, mit ihrer Tätigkeit den Tod vermeiden zu wollen und ihn bis zuletzt nicht zu akzeptieren. Für viele hört ihre Zuständigkeit auf, wenn der Tod eingetreten ist. Im Falle der Geburtsmedizin ist, anders als in anderen medizinischen Fachbereichen, in einem Behandlungsprozeß auf *zwei* Menschen (Kind und Mutter) zu achten und einzugehen, deren Interessen in Gegensatz zueinander geraten können. Beim perinatalen Kindstod ergibt sich so die Besonderheit, daß zur Vermeidung von Schaden auf seiten der Mutter der Tod des Kindes unbedingt angenommen werden muß. Diese Verknüpfung ist für ÄrztInnen und Hebammen ungewöhnlich und verlangt ihnen den Einsatz ihrer gesamten Persönlichkeit ab. Dabei muß die ärztliche Rolle im herkömmlichen Sinne transzendiert werden. Die Berührung eines menschlichen Existentials im Sinne *Heidegger*s, nämlich der Sterblichkeit, verlangt Ärztinnen und Ärzte, die mit ihrem gesamten Menschsein ärztlich tätig sind.

Tab. 3   Forderungen an ÄrztInnen in der Praxis

- Den Kindstod ansprechen
- Mögliche Ursachen ansprechen
- Eventuelle Schuldgefühle ansprechen
- Verlauf des Trauerprozesses verfolgen
- Ggf. ersten Geschlechtsverkehr nach der Geburt ansprechen
- Auf Beteiligung der Familie achten

Abschiednehmen von dem Kind kann auch, insbesondere in der Neonatalogie (bei Neugeborenen), einen bewußten Therapieverzicht bzw. »passive Sterbehilfe« bedeuten. Kinder, denen keine realistische Chance auf ein Überleben gegeben werden kann, z. B. bei zu geringem Geburtsgewicht oder schweren Mißbildungen, müssen von medizinischem Agieren verschont werden. Der Verzicht auf intensivmedizinische Maßnahmen oder deren Reduktion setzt die Fähigkeit voraus, loslassen zu können. Dies wiederum verlangt ein Akzeptieren des Stärkeren, des Todes. ÄrztInnen, die hierzu nicht in der Lage sind, laufen Gefahr, dem sterbenden Kind und seinen Eltern »nicht gut zu tun«. Mütter können ihr sterbendes Kind im Arm behalten und in tiefer Verbundenheit Abschied nehmen. Der damit verbundene Schmerz ist nicht vermeidbar, aber er hat seinen Sinn und seine heilsame Kraft.

Sterblichkeit gehört zu unserer Existenz, auch am Lebensanfang. Geburtlichkeit und Sterblichkeit sind zwei unlösbare Pole. Schwangerschaft und Geburt berühren insofern stets auch die Todesthematik. Im Phänomen der Trauer begegnen sich somit eine pragmatische medizinisch-psychologische und eine existentielle, kulturgeschichtlich und theologisch erschließbare Ebene. Heilung und Heil werden gleichermaßen aktualisiert angesichts eines Schmerzes, der aus der Erfahrung des Todes aufsteigt und nicht verstanden werden kann ohne Beachtung jenes Phänomens, das dem menschlichen Leben erst Sinn gibt und das gleichwohl der Wissenschaft, und leider auch oft der Theologie, so unheimlich ist: der Liebe.

Hospizdienst

Hospizarbeit: eine Herausforderung an ehrenamtliche Helfer und Helferinnen

Margret Krueger

Mein Weg zur Hospizarbeit

»Das Sterben ist tabu«, so hieß der Vortrag eines Mediziners, der im Februar 1990 den ersten Anstoß gab, in unserer Stadt über Sterbebegleitung nachzudenken. Er berichtete sehr eindrucksvoll von der Arbeit des OMEGA-Vereins, der seit 1985 versucht, das Sterben wieder in das Leben einzubeziehen. Die Frage: »Wie gehen wir mit Tod und Sterben um?«, ließ viele aufhorchen. Auch ich fühlte mich angesprochen. Seit dem bewußt erlebten Sterben meiner Eltern und eigener schwerer Krankheit hatte die Auseinandersetzung mit dem Ende unseres Lebens eine ganz neue Dimension für mich bekommen. »Selbstverständliches« wie Gesundsein, Leistungsfähigsein, Ein-zu-Hause-Haben wurde plötzlich in Frage gestellt. Hinzu kam die Tatsache, daß ich dem Ende meiner Berufslaufbahn entgegensah. Ganz neu erlebte und spürte ich hautnah, wie Trennungen, Krankheit, Verluste unser Leben verändern. Abschiede können wie vorweggenommenes Sterben sein!

In dieser Situation hörte ich von der Entstehung eines Gesprächskreises »Mit dem Sterben leben«. Er hatte sich spontan gebildet nach besagtem Vortrag und fand in den Räumen der Evangelischen Kirchengemeinde statt. Hier kamen Menschen zusammen, die ähnlich wie ich aus eigener Betroffenheit Erfahrungen austauschen wollten, Tröstungen für nahestehende Angehörige und Freunde suchten, aber auch Informationen brauchten für neue Handlungsmöglichkeiten. Einige von ihnen begleiteten einen schwerkranken Angehörigen zu Hause und waren dankbar für zwei Wochenend-Seminare, die praktische Hilfen und Übungen für die häusliche Pflege anboten. Es wurde viel Gewicht darauf gelegt, eigene Kraftquellen zu erschließen und zu nutzen. Immer wieder aber erkannten wir, wie wichtig Überlegungen zur eigenen Klärung sind, wenn wir Schwerkranke und Sterbende begleiten wollen.

Eine Herausforderung an ehrenamtliche Helfer und Helferinnen 93

Drei Jahre sollte es aber noch dauern, bis sich eine Möglichkeit auftat, auch in unserer Kleinstadt konkrete Hospizarbeit aufzubauen. In diesen drei Jahren hatte es auch für mich persönlich intensive Gespräche, Seminare, Erfahrungen in und außerhalb der Gruppe gegeben, die den Boden für Sterbebegleitung vorbereiten halfen. Anfang 1994 war es dann soweit. Gemeinsam mit einem in Hospizarbeit erfahrenen Pastor begann in unserer Stadt das Gemeindeprojekt »Verlaß mich nicht, wenn ich schwach werde«. Bereitwillig gab ich meine Zusage, im Leitungsteam mitzuarbeiten, nachdem ich an einem entsprechenden Einführungstraining teilgenommen hatte. »Sterbende begleiten – Seelsorge der Gemeinde« hieß der Grundtenor mit dem besonderen Anliegen, ein begleitetes Sterben zu Hause zu ermöglichen.

Gern setzte ich mich ein für die Gewinnung und Vorbereitung ehrenamtlicher Helfer und Helferinnen zu diesem Dienst, der als Ergänzung zu den professionellen Kräften gedacht war. Da nicht mehr berufstätig, konnte ich mich dieser Aufgabe gut stellen, freiwillig und ehrenamtlich. Außer mir meldeten sich spontan einige andere aus unserer bisherigen Gesprächsgruppe, um als ehrenamtliche Helferinnen mitzuarbeiten. Ja, Arbeit bedeutet es schon, sich für zehn Monate ausbilden zu lassen – in jeweils drei Abschnitten, einem Grundkurs, einem Praktikum und einem Vertiefungskurs.

Der achtwöchige Grundkurs diente dazu, Fähigkeiten zu erwerben für die Begleitung Schwerkranker und Sterbender. Das Praktikum half, Erfahrungen mit sich selber zu machen und sich darüber in der Gruppe auszutauschen. Im Vertiefungskurs ging es nochmal um das Bewußtmachen der eigenen Grundhaltung und inneren Einstellung.

An der Geschichte der Emmausjünger wurde uns deutlich, wie Jesus mit trauernden Menschen umgeht: Er nimmt sie wahr; er geht mit ihnen; er hört ihnen zu; er versteht sie; er stellt sich, als wollte er weitergehen; er bleibt dann, als sie ihn noch brauchen; er läßt los, als sie allein fertig werden; und er steht auf und geht seinen Weg weiter. Diese acht Schritte versuchten wir, uns an acht Abenden zu verdeutlichen und versuchten nachzuerleben, was es heißt: wahrnehmen – mitgehen – zuhören – verstehen – weitergehen – bleiben – loslassen – aufstehen.

Auseinandersetzung mit unserem eigenen Sterben

Wenn ich anderen erzähle, daß ich ehrenamtlich Hospizarbeit mache, erlebe ich oft Reaktionen wie: »Das könnte ich nicht – das muß doch schwer sein«, »Ist das nicht sehr bedrückend und belastend«, oder es löst Fragen aus, die mit Angst und Unsicherheit zu tun haben. Ja, ich denke, es ist menschlich, wenn der Gedanke an Sterben und Tod zunächst Angst, Befremden und Hilflosigkeit hervorruft. Aber noch wichtiger ist, daß wir diese Gefühle nicht verdrängen, sondern sie aussprechen und darüber reden.

Viele von uns haben im Familien- und Freundeskreis schon Erfahrungen mit Sterben, Tod und Trauer gemacht und sich deshalb entschlossen, schwerkranke und sterbende Menschen zu begleiten. Während der einjährigen Vorbereitungszeit in der Gruppe aber ist wohl den meisten von uns erst zum Bewußtsein gekommen, wie wichtig die Auseinandersetzung mit unserem eigenen Sterben ist, wenn wir anderen Menschen dabei helfen wollen. Diese Auseinandersetzung heißt: Rückblick halten auf mein Leben, sich erinnern an frohe und traurige Ereignisse, vielleicht auch an durchlebte Abschiede, denn jeder Abschied ist eine Einübung in das Abschiednehmen am Ende des Lebens, etwa wie *Hermann Hesse* es in seinem Stufengedicht ausdrückt:

»Es wird vielleicht auch noch die Todesstunde
uns neuen Räumen jung entgegensenden.
Des Lebens Ruf an uns wird niemals enden –
wohlan denn, Herz, nimm Abschied und gesunde!«

Sterben ist ein Teil des Lebens! *Goethe* sagt: »Stirb und werde!«, das macht unser Leben aus. Sterbebegleitung heißt, sich mit seinem eigenen Sterben auseinanderzusetzen, ganz gleich, ob ich gerade auf dem Höhepunkt, in der Schaffensperiode meines Lebens, stehe oder in der Lebensmitte oder aber im Lebensabend. Sterbebegleitung bedeutet für mich, das Leben bewußt zu gestalten, allein oder im Familienkreis, mit Freunden, Partnern und Kollegen. Es heißt, Konflikte durchzustehen, echte Partnerschaft zu üben, wirkliche Gespräche zu führen und sich auch die eigenen Wünsche und Träume zuzugestehen.

Nicht umsonst hieß ein wichtiges Thema in unserem Vertiefungskurs: Nachdenken über die Endlichkeit des eigenen Lebens anhand von Psalm 90: »Herr, lehre uns bedenken, daß wir sterben müssen, auf daß wir klug werden!« Wir haben uns dazu ein Lebenswappen gemalt, das uns im Rückblick deutlich machen sollte, welches die hellen, gelungenen, lebensvollen Ereignisse in unserem Leben waren, für die wir zu danken haben, und welches die dunklen, mißlungenen, abschiedlichen Erlebnisse waren, die uns auch die Grenzen unseres Lebens aufgezeigt haben. Als Überschrift besannen wir uns auf das geheime Lebensmotto, das uns bei all diesen gelebten Ereignissen geleitet hat.

Ich glaube, dieses Bedenken unseres Lebens war eine der wichtigsten Vorbereitungen für uns als BegleiterInnen von Menschen, die Abschied nehmen und dem Lebensende entgegengehen. Auch sie ziehen oft noch einmal Bilanz und lassen dabei ihr Leben an sich vorüberziehen. Lebensbilanz spielt in der Todesnähe eine große Rolle. Vieles Unvollkommene soll noch einmal ausgesprochen werden und deutlich machen: Es gibt einen heilenden Raum und die Erfahrung, daß ich gehört und angenommen werde. Gespräche mit Sterbenden haben oft den Charakter einer Beichte, auch wenn der Begriff selbst nicht fällt.

Wunsch und Wirklichkeit in unserer Hospizarbeit vor Ort

Schon oft haben wir uns gefragt: Wie kommt es, daß wir bislang noch zu keiner Begleitung eines Schwerkranken in eine Familie gerufen wurden, obgleich doch die meisten Menschen sich wünschen, die letzte Lebenszeit zu Hause zu verbringen. Ich denke, es hat damit zu tun, daß noch Vorbehalte bestehen gegenüber der Hospizarbeit von seiten der Angehörigen – aber vielleicht auch von seiten der betroffenen Kranken und von seiten der nicht ausreichend informierten professionellen Kräfte.

Das, was wir bisher an Sterbebegleitung erlebt haben, waren alte Menschen in den Heimen, die wir über einen langen Zeitraum regelmäßig besuchten und zu denen allmählich ein mitmenschliches Vertrauen entstand. Man lernte sich kennen, erfuhr ein Stück ihrer Lebensgeschichte, teilte Kummer und Freude mit ihnen, half durch kleine Handreichungen, wie Briefe schreiben, Telefonate erledigen, sie im Rollstuhl ausfahren, sie zum Arzt begleiten. Dadurch ergab sich fast von selbst, daß eine Beziehung entstand und das Dabeisein in der Sterbezeit erwuchs aus dieser langen Begleitung.

Sehr beeindruckend erzählte eine Helferin in unserer Gruppe vom Sterben einer 81jährigen. Ein Jahr lang hatte sie die alte Dame jede Woche im Heim besucht und Anteil genommen an ihrem Ergehen. Nach einem Oberschenkelhalsbruch war sie gehbehindert und mußte viel liegen. Nach und nach entwickelte sich eine vertrauensvolle Beziehung zwischen ihnen. Gemeinsam feierten sie den 80. Geburtstag. Manchmal wurde die Helferin von ihrem Mann abgeholt, der sich dann noch kurz zu ihnen setzte. Immer wieder erfahren wir, wie wichtig es für die Hospizhelferin ist, das Einverständnis der eigenen Familie für diese Arbeit zu haben.

Als es mit der alten Dame zu Ende ging, bekam unsere Helferin einen Telefonanruf von der Heimleitung. Ohne viel Umstände wurde sie von ihrem Arbeitgeber im Krankenhaus freigestellt und fuhr sofort hin. Sie traf die alte Dame noch lebend an. So konnte sie sich zu ihr setzen und bei ihr sein. Als der Atem immer flacher wurde und schließlich ganz aufhörte, drückte die Krankenschwester der Patientin die Augen zu und ließ die Hospizhelferin noch einen Augenblick allein. Es war ein stilles Abschiednehmen zwischen den beiden Frauen, die eine kleine Wegstrecke gemeinsam gegangen waren.

Stärker als in den Alten- und Pflegeheimen heißt »Begleitung zu Hause« aber auch Begleitung der Angehörigen. Sie brauchen ebenfalls Hilfe und Unterstützung im Gespräch, im Zuhören oder durch praktische Hilfe. Es gibt auch in unserer Stadt manche Langzeitkranke, die zu Hause von Angehörigen gepflegt werden. Gemeindeschwestern, Sozialdienste, Ärzte sind da mit einbezogen und tun ihr Möglichstes. Anders als in den Großstädten funktioniert in unserem mehr kleinstädtischen und ländlichen Bereich die Familien- und Nachbarschaftshilfe noch relativ gut.

Aber wenn darüber hinaus das Bedürfnis besteht, als pflegender Angehöriger einmal für ein paar Stunden in der Woche entlastet zu werden, dann bietet sich hierzu der ambulante Hospizdienst an. Auf diese Weise kann ein zwangloses wechselseitiges Kennenlernen geschehen, ohne daß Ängste, Hemmungen oder Vorurteile gegenüber der Hospizarbeit aufkommen. Sterbende und ihre Angehörigen zu begleiten, könnte so die Angehörigen entlasten und vielleicht eine stationäre Klinikaufnahme vermeiden. Hospizarbeit als Hausbetreuungsdienst braucht freilich Zeit, und vor allem braucht diese Arbeit viele Freunde und Förderer. Deshalb entstand kürzlich in unserer Stadt ein »Freundeskreis Hospizdienst e.V.«

Mir begegnet sehr oft die Frage: Wann setzt denn Ihre Begleitung bei den Schwerkranken ein? Sind Sie da nicht ein Fremder, wie kann da eine Beziehung entstehen? Und beunruhigt das nicht den Patienten? In der Tat: Keiner von uns kann voraussagen, wann bei einem Menschen der Sterbeprozeß einsetzt. Sterbebegleitung beginnt nicht erst am Sterbebett eines Kranken, sondern geschieht in den meisten Fällen dort, wo gewachsene menschliche Beziehungen vorher entstanden sind. So gesehen ist das, was wir in den zwei Jahren seit Bestehen unseres ambulanten Hospizdienstes getan haben, etwas durchaus Natürliches und Selbstverständliches. Durch regelmäßige Besuche in den Heimen ist eine Vertrauensbasis entstanden und eine Beziehung aufgebaut worden.

Nicht immer, ja, wohl nur selten entspricht heute die Sterbewirklichkeit dem, was Menschen sich wünschen, wenn sie sagen: »Laßt mich doch zu Hause sterben!« Und genau da will die Hospizbewegung einsetzen: Dem Sterben ein Zuhause geben. Dies »Zuhause« wird in erster Linie die vertraute häusliche Umgebung sein; aber es kann ebenso die menschlich warme Atmosphäre in einem Alten- und Pflegeheim sein oder in einem Krankenhaus. Entscheidend ist eine Atmosphäre, in der die Zeit des Sterbens auch eine Zeit des Lebens ist, nämlich ein Leben mit eigenen Wünschen, eigenen Bedürfnissen und auch eigenen Ängsten, die überwunden werden können durch Wärme, Nähe und Offenheit.

Veränderte und verändernde Lebensbewältigung

Wenn wir Sterben, Tod und Trauer erleben, dann hat das Einfluß auf unser Leben und auch auf die Art und Weise, wie wir mit unserem Leben umgehen. Anfangs war schon die Rede von den veränderten mitmenschlichen Beziehungen, und ich möchte hinzufügen: Als Hospizhelfer sind wir genauso Lernende wie die Menschen, die wir begleiten. Wer einmal selber schwer krank war oder am Sterbebett eines lieben Menschen gestanden hat, wird viele unterschiedliche Erfahrungen gemacht haben. Erfahrungen eigener Ohnmacht und Ratlosigkeit, ja auch Angst und Hilflosigkeit oder auch Erfahrungen von Hoffnung und Zuversicht, von Trost und Frieden.

Wie sehr dieser Vorbereitungskurs »Sterbende begleiten« uns auch in unserer Gruppe existentiell betreffen kann, haben wir hautnah erfahren. Am Ende des ersten Kurses eröffnete uns der einzige männliche Teilnehmer in der Runde »Ich habe Krebs. Ich bin jetzt 69 Jahre alt und würde gern noch leben, aber die Ärzte haben mir gesagt, daß mir nur noch wenig Zeit bleibt.« Unvergeßlich ist uns, wie gefaßt er mit dieser Nachricht umging. Ihm und seiner Frau wurde unser Handbuch eine Hilfe für vieles, was sich schwer ausdrücken läßt. Er ist dann vor Beendigung des Kurses gestorben. Das hat uns alle tief bewegt.

Oft wissen wir nicht, was der Hospizkurs in den Teilnehmerinnen und Teilnehmern auslöst. Aber manchmal wird plötzlich etwas sichtbar von der Veränderung, die mit einem Menschen geschieht. So ging es einer 40jährigen Frau, die, lange nachdem sie aus familiären Gründen die Gruppe verließ, um ein Gespräch mit mir bat. Hintergrund war die schwere Krankheit und der plötzliche Tod ihrer 16jährigen Tochter. Sie schilderte den inneren Kampf und das Ringen mit Gott um die Genesung und Bewahrung ihres einzigen Kindes. Die Tochter wußte um die Schwere ihrer Krankheit und litt darunter. Sie lehnte aber die Glaubenseinstellung ihrer Mutter ab. Ja, sie setzte es durch, eine eigene Wohnung mit fremder Betreuung zu beziehen. Hier besuchte die Mutter ihre Tochter, so oft es ihr neben Beruf und Haushalt möglich war. Nach und nach bemerkte die Mutter, wie der Widerstand der Tochter ihr gegenüber geringer wurde und Gespräche zustande kamen. Sie äußerte auch besondere Wünsche für ihre Beerdigung. Eines Morgens fand die Betreuerin sie tot im Bett liegend.

Eine Herausforderung an ehrenamtliche Helfer und Helferinnen

»Unvergessen«, so erinnert sich die Mutter, »ist mir der Anblick, wie die Träger ihren zarten Körper hochhoben und in den weißen Sarg legten, den sie sich erbeten hatte. Dabei mußte ich unwillkürlich an die Geburt denken, bei der sie auch aufgehoben wurde. So schloß sich der Kreis von Geborenwerden und Sterben! Auch die Beerdigung gestalteten wir nach ihren Wünschen mit der Musik von ihrer Lieblingskassette. Es waren eigenartige Augenblicke, die ich während der Beerdigung durchlebte. Da war mir, als würde mein Kind noch einmal geboren – und ich fühlte alle Schmerzen der Entbindung, des Loslassens von neuem, nur noch viel tiefer. Dann fand ich mich plötzlich zwischen meinen beiden Eltern rechts und links von mir wieder, und ich legte ihre beiden Hände als »Kind« ineinander. Als wir dann nach Hause gingen, kam ich mir vor wie eine ganz alte Frau. Was hätte ich im Alter erleben können, was nun ein für allemal vorbei war: Welchen Beruf hätte mein Kind erwählt? Wie hätte mein Schwiegersohn ausgesehen, wie meine Enkelkinder?«

Jetzt, ein Vierteljahr später, sitzt die verwaiste Mutter vor mir. Sie spricht von der inneren Leere, der Vergeblichkeit aller unserer Anstrengungen im Leben, der Bedeutungslosigkeit von äußerem Besitz, der Frage nach dem Sinn unseres Lebens. Was zählt wirklich in dieser Welt? Was verändert sich durch den Tod in unserem Leben? Nichts ist mehr so wie vorher. Viele Menschen, auch in der eigenen Familie, können das nicht verstehen. Wie werden wir mit dieser neuen Situation fertig, besonders, wenn sie auch noch in eine Zeit der eigenen Lebenswende fällt?

Wir wissen, daß kein Sterben dem anderen gleicht. Nicht umsonst heißt es: «Jeder stirbt seinen eigenen Tod«, weil jeder Mensch eine einmalige Persönlichkeit ist. Aber was wir von Sterbenden lernen können, sind Erfahrungen von Lebensbewältigung an den Grenzen unseres Daseins. Nicht das »Wissen im Kopf« und aus den Büchern hilft mir letztlich bei der Sterbebegleitung, sondern gelebte Menschlichkeit und das Wissen um die eigene Sterblichkeit. Wenn ich mich diesen Herausforderungen stelle, so hat das für mich Konsequenzen. Ich möchte sie beschreiben mit den Worten einer OMEGA-Ärztin:

»Ich kann nur helfen, wenn ich mir helfen lasse.
Es ändert sich nichts, wenn ich mich nicht ändere.
Ich kann nur geben, was ich habe.«

Sterben – eine Zeit des Lebens

Sabine Paqué

»Und um dem Tod zunächst seine große Überlegenheit über uns zu entreißen, laßt uns ein dem Gewöhnlichen ganz entgegengesetzten Weg einschlagen. Nehmen wir ihm seine Unheimlichkeit, machen wir ihn uns vertraut, halten wir mit ihm Umgang.«
Michel de Montaigne

Ängste und Tabus

Die Frage, wie wir heute sterben wollen, wird häufig mit der Formel »kurz und schmerzlos« beantwortet. Auch »im Schlaf« oder »mitten aus dem Leben« möchten viele sterben, also ohne bewußt zu erleben, was da eigentlich mit ihnen geschieht. Andere wollen »plötzlich und unerwartet« aus dem Dasein scheiden – auf eine Weise also, die in der gängigen Formulierung der Todesanzeigen von den Hinterbliebenen doch immer als besonders schmerzlich erfahren wird.

In diesen Antworten werden zentrale Ängste und Tabus unserer Gegenwart deutlich. Natürlich ist die Angst vor dem Sterbenmüssen keine moderne Zeiterscheinung. Sie gehört zum Menschenleben wie der Tod selbst. Aber für die Menschen anderer Zeiten und Kulturen, ja noch für unsere Eltern oder Großeltern, war das Sterben sehr viel weniger schreckenerregend, weil sie mit dem Tod vertrauter waren, sie alltäglich mit ihm Umgang hatten.

Der französische Soziologe *Philippe Ariès* sieht die Menschen des späten 20. Jahrhunderts um die natürliche Todeserfahrung betrogen. So wie Sterben heute vielfach geschieht – ohne bergendes Ritual, in der Anonymität der Apparatemedizin oder der Isolation des Pflegeheims, vereinsamt, oft auch ohne den Trost des Glaubens – scheint Verleugnung der einzige Ausweg. Der Tod gewinnt auf diese Weise jedoch einen Schrecken zurück, den die Rituale früherer Zeiten bannen konnten. Die Verdrängung des Todes aus dem Leben unserer Gesellschaft, die Weigerung des modernen Menschen, mit seiner Endlichkeit bewußt umzugehen, erreicht letztlich genau das Gegenteil dessen, was sie erreichen soll. Sie hat das Sterben nicht erleichtert, sie hat es uns unendlich viel schwerer gemacht.

Dem Tod gegenüber fühlen sich die meisten von uns so ängstlich und ohnmächtig, daß wir uns kaum vorstellen können, dem unheimlich-geheimnisvollen Geschehen des Sterbens allein und ohne professionelle Hilfe gegenüberzustehen. Hier, wie in anderen Bereichen unseres Lebens auch, haben wir uns daran gewöhnt, Verantwortung an die Profis und Experten zu delegieren. Damit ist der Tod nahezu ausschließlich eine Angelegenheit der Mediziner, Pastoren und Bestattungsunternehmer geworden.

Der institutionalisierte Tod

Als konsequente Folge dieser Spezialisierung haben wir den Tod und das Sterben fast vollständig hinter die Kulissen unseres Alltagslebens verbannt und in die Anonymität der Pflegeinstitutionen verlagert. Die Klinik ist daher heute nicht mehr nur der Ort der Krankenheilung – wie es ihrem ursprünglichen Auftrag entspricht; sie ist vielmehr zum eigentlichen Sterbezentrum der Gesellschaft, zum Ort des ganz normalen Todes geworden. Nahezu 80 Prozent aller Menschen sterben im Krankenhaus. Für alte Menschen sehen die Zahlen noch eindeutiger aus: Über 90 Prozent verbringen ihre letzten Tage im Krankenhaus oder Pflegeheim. Im krassen Widerspruch dazu steht das Ergebnis einer Umfrage in Nordrhein-Westfalen. Auf die Frage: »Wo möchten Sie gern sterben?«, äußerten 95 Prozent der Befragten ausdrücklich den Wunsch, zu Hause zu sterben.

Die Diskrepanz zwischen Wunsch und Wirklichkeit könnte kaum drastischer sein. Sie sollte uns allen zu denken geben. Denn hinter den nüchternen Zahlen verbergen sich nicht nur zahllose Einzelschicksale, sondern gewaltige gesellschaftspolitische Probleme, die früher oder später jeden von uns betreffen werden. Aufgrund eines wachsenden Unbehagens mit der derzeitigen Situation sind in jüngster Zeit eine Reihe von Alternativen zum Sterben im Krankenhaus entwickelt worden. Eine davon ist das Hospiz.

Das Hospiz

Der Name »Hospiz« knüpft an die Tradition der mittelalterlichen Herbergen an, die den christlichen Pilgern auf ihrer Wanderschaft Unterkunft, Stärkung und Pflege anboten. In diesem Sinne sollen Hospize heute Orte sein, wo sterbende Menschen alles finden, was sie für die letzte Reise in diesem Leben benötigen. Die entscheidende Grundlage für die Hospizarbeit ist das, was *Cicely Saunders* – Gründerin des ersten Hospizes in London – als »tender loving care« bezeichnet hat, also das liebevolle und einfühlsame Umsorgen des Sterbenden. Es geht im Hospiz in erster Linie ja nicht um Krankheit und Sterben, sondern um erfülltes Leben bis zuletzt. Für alle in der Hospizarbeit Tätigen bedeutet das, den Tod als natürlichen Endpunkt des Lebens anzuerkennen und dem Kranken dabei zu helfen, so würdevoll, schmerzfrei, selbstbestimmt und bewußtseinsklar wie möglich zu sterben. Alle Mitarbeiter im Hospiz verstehen sich vor allem als Begleiter, nicht als Therapeuten im Sinne der Krankenheilung. Das Wohlbefinden des Patienten, nicht seine jeweilige Krankheit ist von vorrangigem Interesse.

Sterben, das will Hospizarbeit vermitteln, ist keine Krankheit. Sterben gehört so natürlich zu unserem Dasein wie andere Lebensphasen auch – wie Schwangerschaft und Geburt, Kindheit und Jugend, Heranwachsen und Altern. Entgegen der verbreiteten Meinung fällt das Sterben nicht automatisch in den Zuständigkeitsbereich der Mediziner. Die Begleitung Sterbender ist deshalb auch keine ausschließlich ärztliche Aufgabe, sondern eine gesellschaftliche Herausforderung, die jeden betrifft und für die jeder bereit sein sollte, sich einzusetzen.

Dabei geht es nicht um die Tatsache, daß wir sterben müssen, sondern um die Realität, wie wir sterben. Natürlich können wir dem Tod nicht ausweichen. Das Sterben als letzte Phase unseres Lebens ist aber eine Zeit, die wir noch sehr bewußt gestalten können. Wir können auf unterschiedliche Weise sterben: allein und ausgegrenzt oder aber vorbereitet und in Geborgenheit. Im Erinnerungsbuch des Flensburger Katharinen Hospizes steht der Satz: »Wir können dem Leben nicht mehr Stunden geben, aber den Stunden mehr Leben.« Besser und prägnanter läßt sich nicht sagen, was Hospizarbeit bewirken will.

Wo aber sind die Verhaltensmuster, wo sind die Rituale, die uns Sicherheit geben im Umgang mit Sterbenden? In dem Maße, wie wir das Sterben aus unserem Alltag verbannt und in den Kliniken verborgen haben, ist uns die ganz natürliche Erfahrung mit Sterben und Tod außerhalb der klinischen Institution verlorengegangen. Wir müssen also zuerst wieder mühsam lernen, wie wir – anknüpfend an alte Traditionen des Umgangs mit Sterbenden – neue Formen der Sterbebegleitung für unsere Zeit entdecken können. Dafür ist viel Aufgeschlossenheit und Ehrlichkeit nötig. Ein erster entscheidender Schritt auf dem Weg zu mehr Offenheit gegenüber dem Sterben ist, daß wir wieder lernen, uns dem Sterbenden ohne Befangenheit zu nähern. Wir werden dabei, ob als Angehörige oder als Helfer, zunächst unsere eigenen Ängste entdecken, unsere ganz persönliche Furcht vor dem Sterben und dem Tod.

Die Bedeutung der Angehörigen

Die wichtigsten Kontaktpersonen zur Außenwelt, gewissermaßen die Fenster nach außen, sind die Menschen aus dem engsten Umfeld des Kranken, an erster Stelle die Familienangehörigen. Sie erleben den Sterbeprozeß »hautnah« mit und machen ähnliche emotionale Stadien durch wie der Patient selbst, quasi als Spiegel der Gefühlslage des Sterbenden.

Durch die anfallende Pflege werden enorme Anforderungen an die physische und psychische Stabilität der Angehörigen gestellt, gleichgültig, ob der Schwerkranke zu Hause versorgt wird oder im Krankenhaus liegt. Nicht die einzelnen Verpflichtungen der Pflege, so ungewohnt sie auch sein mögen, sind für den Angehörigen unserer Erfahrung nach so belastend, sondern eben die Fülle, das Übermaß der Erwartungen. Vom Angehörigen wird verlangt, daß er mit Leib und Seele für den Kranken da ist. Seine eigenen Interessen geraten dabei wohl oder übel in den Hintergrund.

Viele Schwerstkranke müssen rund um die Uhr betreut werden. Die Übernahme der Pflege bedeutet dann sowohl einen Verlust an Freizeit als auch einen Verlust, über die Zeit überhaupt frei verfügen zu können. Der Tages- und Wochenablauf richtet sich ausschließlich nach den

Notwendigkeiten der Pflege bzw. den Bedürfnissen des Kranken. Eine solche starke zeitliche Beanspruchung bindet häufig die Angehörigen derart, daß nach und nach alle Außenkontakte darunter leiden und sich die Betreuer schließlich völlig isoliert fühlen. Selbst Freunde und Bekannte existieren dann kaum noch. Das normale Umfeld geht verloren, dadurch gibt es immer weniger Möglichkeiten, einmal »abzuschalten« und die eigenen Kräfte zu regenerieren.

Die ununterbrochene Anwesenheit beim Schwerkranken führt fast unvermeidlich zu Spannungen und Konflikten, auch mit dem Kranken. Zeiten der Distanzierung und Ruhe wären zum Wohle aller unbedingt erforderlich. Um eine wirksame Entlastung zu gewährleisten, sollte die Pflege so organisiert werden, daß die Angehörigen regelmäßig für eine Weile abkömmlich sein können und eine Hilfe von außen sie am Krankenbett vertritt.

In der Hospizarbeit machen wir allerdings häufig die Erfahrung, daß pflegende Angehörige sich nicht früh genug um Hilfe an uns wenden. Viele fühlen sich allein für die Pflege zuständig und machen sich selbst kaputt, bevor sie erkennen, daß Unterstützung nötig ist. Ein wesentliches Problem ist die fehlende Information darüber, welche Hilfeleistungen der Familie überhaupt zustehen. Angehörige sollten ermutigt werden, rechtzeitig Unterstützung anzufordern, damit sie Gelegenheit haben, für eine Weile von ihren Pflichten auszuruhen. Sie brauchen ein paar Stunden nur für sich, in der das Leben noch annähernd »normal« weitergeht, um eigene Interessen zu pflegen, um etwas für sich selbst zu tun. Diese Zeitspanne zum Auftanken können wir Hospizhelfer ihnen schenken, indem wir für ihre Kranken da sind.

Die Anwesenheit des fremden Hospizhelfers hat im übrigen noch einen positiven Nebeneffekt. Nähe, zuviel Nähe zwischen dem Kranken und seiner Familie kann manchmal auch ein Hindernis sein. Deshalb bedeutet die größere Distanz des Hospizhelfers oft auch eine große Chance. Sie hilft nämlich, manche Gesprächshemmung zu beseitigen. Erfahrungsgemäß fällt es dem Patienten in vielen Fällen leichter, einem Außenstehenden sein Herz auszuschütten als nahen Angehörigen. Insbesondere das Thema Tod und Sterben wird mit einem fremden Gesprächspartner manchmal offener angesprochen als gegenüber den Angehörigen, die das

Thema aus (falscher) Rücksichtnahme lieber vermeiden und die mit der Floskel: »Das wird schon wieder«, manchmal auch dann noch Optimismus verbreiten, wenn der Kranke selbst schon zu einer realistischen Sicht seiner Situation gekommen ist.

Überhaupt hat die Familie oft den Ehrgeiz, daß der Kranke wie früher »funktionieren« soll. Manche geistigen und körperlichen Fehlfunktionen der alten, kranken Menschen – wie Blasenschwäche, Verwirrtheit, Vergeßlichkeit – werden von den Angehörigen deshalb als peinlich empfunden. Ein Hospizhelfer als Außenstehender hat das Glück, in dieser Hinsicht viel unbefangener zu sein. Er hat sich von dem Patienten noch kein Bild gemacht; er kennt ihn nicht so, wie er in besseren Zeiten einmal war. Unbelastet von einer (vielleicht schwierigen) Familiengeschichte fällt es ihm leichter, den Kranken so zu akzeptieren wie er ist.

Schuldgefühle

Schwieriger und manchmal wirklich heimtückisch für die Angehörigen ist der seelische Druck, der sich während einer Begleitung allmählich aufbaut. Ärger und Ungeduld richten sich teilweise ja auch gegen den Kranken als eigentlichen Verursacher der Misere. Diese negativen Empfindungen verursachen Schuldgefühle. Dem Helfer ist schließlich klar, daß all seine eigenen Probleme, wie viele es auch sein mögen, Kleinigkeiten sind gegen die lebensbedrohende Krankheit des geliebten Menschen. Also werden sie unterdrückt. Der Kranke soll nicht beunruhigt, seine Lage nicht noch zusätzlich erschwert werden. In diesem Zwiespalt lebt der Helfer eine Weile, und dann wird ihm bewußt: Die Tatsache, daß meine Probleme klein sind, etwa im Vergleich zu Krebs, erledigt sie nicht. Die Probleme werden größer; Zorn und Groll, Bitterkeit und Wut schleichen sich unweigerlich ein – und schreckliche Schuldgefühle, daß man überhaupt solche dunklen Gefühle hat.

Diese Empfindungen sind unter den gegebenen Umständen aber völlig normal, es wäre sogar bedenklich, wenn ein Helfer sie nicht gelegentlich hätte. Man wird mit ihnen am besten fertig, indem man über sie redet. Der Kranke ist hier allerdings nicht der geeignete Adressat, denn häufig ist gerade er die Ursache des Konfliktes. Es ist deshalb nicht sinnvoll, den Kranken zusätzlich zu belasten und ihm ein schlechtes Gewissen zu machen. Eine Selbsthilfegruppe von Leuten, die ähnliches erlebt haben, ist in dieser Situation vielleicht der beste Ort, um sich auszusprechen.

Wenn es den Angehörigen ungeachtet der erwähnten Probleme und der inneren Widerstände gelingt, sich auf die Pflege einzulassen, wird die gemeinsame Zeit unserer Erfahrung nach als sehr positiv erlebt. Natürlich kann in der kurzen Spanne nicht aufgearbeitet werden, was in vielen Jahren zwischen den Betroffenen entstanden ist. Aber auch in spannungsreichen Beziehungen wird die Begleitung letztlich als eine gute Erfahrung betrachtet, da die Angehörigen in dem Bewußtsein Abschied nehmen können: «Ich habe getan, was ich tun konnte.» Das ist eine große Erleichterung und eine wesentliche Hilfe für den anschließenden Trauerprozeß.

Zuhause sterben

Wenn es uns gelingt, den Tod, den Schwerkranken und seine Wünsche mit weniger Ängsten zu betrachten, entdecken wir, wieviele Vorteile das Sterben zu Hause mit sich bringt: Der Kranke und seine Angehörigen haben die Möglichkeit, die letzten Tage in vertrauter Gemeinschaft zu verbringen, ohne Einschränkung durch Fremde. Durch das enge Miteinander entsteht oft eine neue, tiefere Verbundenheit. Diese Nähe wird von allen Beteiligten als etwas sehr Kostbares erlebt.

Alle Beteiligten haben zudem mehr Kontrolle über die Situation, dadurch verringert sich das Gefühl der Ohnmacht und des Ausgeliefertseins, das uns in Krankenhäusern oder Pflegeheimen so stark behindert. In der Vertrautheit der heimischen Atmosphäre stellt sich bald ein größeres psychisches Wohlbefinden ein. Das wird u.a. daran deutlich, daß bei der Betreuung zu Hause in der Regel weniger Schmerzmittel verabreicht werden müssen. Da der Sterbende mehr Möglichkeiten hat, seine Lebensqualität selbst zu beeinflussen, kann er sich in seinem Sterben auch besser angenommen fühlen.

Sterben zu Hause bedeutet eine bessere, sanftere Form des Umgangs nicht nur für den Kranken, sondern auch für seine Angehörigen. Denn kein Mensch stirbt für sich allein. Hat sich eine Familie erst einmal auf die Pflege eingelassen, bleibt sie seltener mit dem Gefühl zurück, sie hätte zu wenig getan, zu viel versäumt. Viele Hinterbliebene bekommen erst nach dem Tod des Angehörigen die volle Wucht der Trauer zu spüren, die ihnen zeigt, was sie alles hätten tun können, um dem geliebten Menschen die letzten gemeinsamen Tage zu erleichtern. Eine Folge unbewältigter Sterbebegleitung ist oftmals unbewältigte Trauer.

Der Sterbende

»Ich sterbe. Ihr alle wißt es, und trotzdem wagt keiner, darüber zu sprechen. Überhaupt mag niemand darüber reden, was mich jetzt am meisten bewegt. Ich sehe, daß Ihr Euch unsicher fühlt und nicht wißt, was Ihr sagen sollt, was Ihr tun sollt. Aber glaubt mir: Wenn Ihr mir nahe bleibt, könnt Ihr nichts falsch machen. Seid einfach nur bei mir und schenkt mir Eure Fürsorge und Eure Wärme. Das ist alles, was ich mir wünsche. Manchmal frage ich nach dem Warum und Wozu meines Lebens, aber ich erwarte von Euch keine Antwort. Nur lauft vor meinen Fragen bitte nicht weg, bleibt bei mir. Denn ich habe große Angst; ich bin dem Tod niemals zuvor begegnet.«

Dieser Brief einer Hospizpatientin an ihre Töchter veranschaulicht die Gefühlslage eines Menschen, der Abschied vom Leben nimmt. Der nahende Tod überschattet unweigerlich die letzte Lebensphase, auch wenn der Sterbende vorgibt, alles erledigt zu haben und gut vorbereitet zu sein. Solche Erklärungen dienen meist eher der Beschwichtigung, sie sollen die Angehörigen beruhigen, wenn der Kranke spürt, daß sie vom bevorstehenden Tod zunehmend verunsichert werden. Eine wichtige Voraussetzung für die Begleitung ist es deshalb, die aufkommenden Ängste nicht abzuweisen, sondern als natürliche Reaktionen zuzulassen und dem Sterbenden zu zeigen, daß wir seine Gefühle verstehen können.

Einsamkeit bis zur völligen Isolation gehört sicher zu den schlimmsten Erfahrungen, die der sterbende Patient macht, gerade dann, wenn er Nähe und Geborgenheit am dringendsten braucht. Eine Patientin hatte nur einen Wunsch an meine Begleitung: »Ich hoffe, daß Sie bei mir sind, wenn es zu Ende geht. Ich möchte, daß Sie da sind und meine Hand halten. Mehr benötige ich nicht.« Kranke brauchen die Gewißheit, daß jemand da ist, der bis zuletzt bei ihnen aushält. Das ist leider meist nicht der Fall. Im Gegenteil, oft wenden sich die Mitmenschen gerade dann ab, wenn der Kranke sie besonders nötig hat. Dem biologischen Tod geht der soziale Tod in der Regel schon weit voraus. Der Kontakt zur Außenwelt, der während der Krankheit oft schon stark gelitten hat, nimmt im Verlauf des Sterbens weiter ab. Die Zahl der Besucher wird geringer, während die Hoffnungslosigkeit und die Angst immer größer werden. Viele Kranke fühlen sich damit schließlich ganz allein gelassen. Einsamkeit, Mangel an Geborgenheit, Leere – das sind die Klagen, die wir bei unseren Besuchen am häufigsten hören.

Angst vor dem Tod bedeutet Angst vor dem endgültigen Abschied, die Angst, alles zu verlieren, was gut und schön war: die Kinder, die Freunde, den Beruf, Freude, Anerkennung. Am Ende des Lebens kreisen die Gedanken des Sterbenden um zentrale Themen: Er wird nach dem Sinn des Lebens fragen: »Warum und wozu habe ich gelebt?« – Groß ist die Sorge, vergessen zu werden: «Wer wird sich an mich erinnern?« – Daneben steht die Angst vor der Schuld, vor Fehlern, die man nun nicht mehr gutmachen kann: »Was habe ich falsch gemacht. Wird mir verziehen werden?« – Beängstigend ist auch die Gewißheit von der Unausweichlichkeit des Todes: »Wie groß wird meine Angst dann sein?« – Und schließlich die Furcht vor dem Ungewissen: »Was kommt danach?« All diese Fragen auszuhalten kann manchmal für den Sterbenden belastender sein, als die Krankheit und die Schmerzen zu ertragen.

Chancen der nichtprofessionellen Begleitung

Grundvoraussetzung jeder Sterbebegleitung ist eine gute medizinische und pflegerische Versorgung. Darüber hinaus hat der Sterbende jedoch eine Vielzahl von Bedürfnissen, für die professionelle Helfer nicht zuständig sind. Hier liegt die große Bedeutung der Angehörigen und ehrenamtlichen Helfer, denn gerade sie können sich diesen Anliegen in besonderem Maße widmen.

Wir erleben oft, daß die Familie des Kranken sich nur deshalb zurückgezogen hat, weil sie sich die Betreuung aus Unsicherheit und Unwissenheit nicht zutraut. Die Angehörigen fühlen sich nicht kompetent genug für diese Aufgabe. Dabei erleben wir immer wieder, welch hervorragende Arbeit in den Familien in aller Stille geleistet wird. In diesem Zusammenhang soll an das Selbstbewußtsein und den gesunden Menschenverstand der zahllosen Laienhelfer appelliert werden: Sie wissen und können viel mehr, als sie glauben! Was für das Wohl ihres Kranken nötig ist, wissen sie oft sogar besser als Ärzte, Schwestern oder andere professionelle Pflegekräfte.

Die Angehörigen kranker Menschen fühlen sich in der Begleitung häufig allein gelassen. Es fällt ihnen immer wieder schwer, Unterstützung von Außenstehenden anzufordern, weil sie glauben, mit dem Problem allein fertig werden zu müssen. Da ist viel Aufklärungsarbeit nötig, und diese Aufklärung sollte vor allem drei Punkte deutlich machen:

- Die Angehörigen sind nicht allein. Ihnen stehen auch bei der häuslichen Betreuung Arzt, Sozialstation, private Pflegedienste und ehrenamtliche Hospizvereine zur Seite.
- Für die Sterbebegleitung ist keine besondere Fachkompetenz erforderlich. Viel wichtiger sind Einfühlungsvermögen, Offenheit und der Wille, sich auf die Wünsche des Kranken einzulassen. Liebevolle Teilnahme ist wichtiger als »technischer« Sachverstand.
- Die Nähe zu Angehörigen und Freunden ist für den Kranken mindestens ebenso wichtig wie Arzt und Krankenschwester. Der Trend zur Überspezialisierung bedeutet vielmehr ein wesentliches Hindernis auf dem Weg dahin, Krankheit und Sterben als einen natürlichen Prozeß anzuerkennen und wieder in unser Leben zu integrieren.

═ Respekt

Dringlichstes Bedürfnis des Sterbenden ist es wohl, in der Einmaligkeit seiner Person geachtet und mit Respekt behandelt zu werden. Er will als gleichberechtigter Partner, nicht als Objekt unserer Betreuung angesehen werden. Für den Begleiter ist es in diesem Zusammenhang wichtig, sich von den eigenen Vorstellungen und Ambitionen zu lösen, die er vielleicht in bezug auf das Sterben hat. Es geht nicht darum, den Patienten zu belehren oder ihm kluge Ratschläge zu erteilen, sondern darum, für ihn da zu sein. Das bedeutet, daß allein der Kranke die Art und Weise der Begleitung bestimmt. Er bleibt trotz seiner Hinfälligkeit die oberste Autorität; er weiß am besten, was wirklich gut für ihn ist.

═ Zuwendung

Zuwendung ist die wohl wichtigste Haltung bei der Begleitung Sterbender. Damit wird einerseits die Einstellung des Helfers zum Kranken beschrieben. In diesem Fall bedeutet Zuwendung: Anteil nehmen, sich um jemanden kümmern, auf den anderen zugehen und sich ganz auf seine Nöte konzentrieren. Für den Patienten ist entscheidend, daß er sich auf unsere Fürsorge verlassen kann und wir immer da sind, wenn er uns braucht.

Ebenso elementar ist der Wunsch nach Liebe. Wenn Worte versagen, vermitteln oft Gesten und Berührungen, auch wenn sie scheinbar nicht mehr wahrgenommen werden, dem Schwerkranken, daß er angenommen wird und sich unserer Zuneigung sicher fühlen kann.

═ Zuhören können

Begleitung fordert weiterhin, daß wir dem Sterbenden zuhören, wenn er reden will, und bei ihm ausharren, wenn er schweigen will. Begleitung erfordert, daß man den Sterbenden bestimmen läßt, worüber er reden will. Das sind häufig nicht die erwarteten »großen« existentiellen Fragen, sondern die einfachen Themen des alltäglichen Lebens. Daneben müssen wir aber auch Eingeständnisse von Unsicherheit, Angst,

Hoffnungslosigkeit und Traurigkeit zulassen. Wenn man den Sterbenden in diesen Gefühlsäußerungen behindert oder ihn korrigieren will, hemmt man dadurch oftmals die innere Verarbeitung der Gefühle.

Manchmal reicht es aber auch aus, seine Hand zu nehmen oder durch andere Gesten zu signalisieren, daß man ihn versteht. Es wird während der Sterbebegleitung immer wieder Phasen geben, wo der Kranke wenig oder gar nicht sprechen, vielleicht einfach nur weinen will. Dann sind leise Berührungen, Körperkontakt, Gebärden der Zärtlichkeit wohl die beste Antwort. Und auch das gemeinsame Schweigen wird dann nicht als belastend, sondern als Ausdruck eines neuen und tieferen Einverständnisses empfunden werden.

Zeit haben

Am Bett eines Sterbenden haben wir Gelegenheit, die Wohltat der Ruhe zu erleben, uns von Leistungsdruck freizumachen. Indem wir lernen, uns Zeit zu nehmen und Stille auszuhalten, lernen wir auch: Kommunikation bedeutet sehr viel mehr als nur Aktion. Wir neigen stets dazu, unbedingt etwas tun zu wollen, in blinde, ablenkende Geschäftigkeit zu flüchten. Tätigkeit wird im »normalen« Alltag ja ganz selbstverständlich mit positiver Leistung gleichgesetzt. Das Tun, manchmal auch das automatische, routinierte Agieren im Korsett des Zeitdrucks sollten wir jedoch getrost den professionellen Pflegekräften überlassen, die diesen Zwang für ihre Arbeit ja vielfach auch als besonders belastend empfinden. Die Zeit am Krankenbett besteht zum großen Teil nicht aus Aktivität, sondern aus dem geduldigen Nahesein ohne großes Programm.

Wahrhaftigkeit

Begleitung erfordert ferner, daß die Wahrheit über den bevorstehenden Tod nicht übergangen und als Gesprächsthema ausgeklammert wird. Der Pflicht zur Wahrheit kann aber auch eine Pflicht zum Schweigen entsprechen, wenn die Mitteilung mehr schaden als nützen würde, wenn z. B. der Schwerkranke momentan nicht in der Lage ist, eine schlechte Prognose zu verkraften. Sinn der Wahrheit kann es nicht sein, den Betroffenen der Hoffnungslosigkeit auszuliefern. Hoffnung als positive Kraft, um die Situation anzunehmen und zu ertragen, muß weiter möglich sein. Ein Betreuer, der den Sterbenden schon längere Zeit aufmerksam beobachtet, wird heraushören, inwieweit er wirklich »letzte Gewißheit« haben möchte.

Da-Sein

Der Sterbende wird angesichts seiner Krankheit von sehr heftigen, widersprüchlichen Gefühlen heimgesucht: Angst, Entsetzen, Wut, Unsicherheit. Der Begleiter muß bereit sein, diese Gefühle auszuhalten. Er kann sie nicht aus der Welt schaffen; aber das wird auch gar nicht erwartet. Seine Hilfe besteht vielmehr darin, den anderen einfach zu halten, bei ihm zu sein, wie ein Schwamm so viel wie möglich von den negativem Emotionen zu absorbieren. Es kommt nicht darauf an, etwas zu sagen oder zu tun. Im Gegenteil – wir müssen nur da sein und den Schmerz und die Verzweiflung zulassen. Einfach »nur« da zu sein ist allerdings sehr schwer zu lernen. Wir werden uns immer wieder unnütz und hilflos fühlen, weil wir unsere Aufgabe darin sehen, alles in Ordnung zu bringen.

Sterbebegleitung lehrt uns, daß wir Mut brauchen, aber nicht das Vermögen, alles zu wissen und zu können. Sterbende haben Verständnis dafür, daß wir den Tod nicht verhindern, nicht alle Fragen beantworten, nicht alle Probleme lösen können. Sterbende haben in ihrer eigenen Hilflosigkeit ein tiefes Verständnis dafür, daß auch wir Helfer uns manchmal ohnmächtig fühlen. Sie wissen, daß wir im Grunde nur uns selbst anbieten können.

Schmerztherapie

Schmerztherapie in Dänemark – einige Eindrücke

Heike Roth

Daß Deutschland ein Entwicklungsland ist, was die Behandlung von akuten und chronischen Schmerzen betrifft, ist nicht nur denen klar, die sie in Anspruch nehmen müssen. In zunehmendem Maße wird dies auch denen bewußt, die im Gesundheitswesen arbeiten. Wie schlecht es um die Schmerztherapie in Deutschland bestellt ist, kann man am Schmerzmittelverbrauch im Vergleich mit anderen europäischen Ländern sehen. In Deutschland wird pro 1 000 000 Einwohner im Jahr ein Kilogramm Morphin verbraucht, in Großbritannien sind es etwa 15 Kilogramm und in Dänemark sogar etwa 30 (*Kutzer*, 1993). Es ist nicht anzunehmen, daß es in Deutschland einen soviel kleineren Bedarf als in den beiden anderen genannten Ländern gibt. Aber es gibt bestimmt mehr Schmerzen in Deutschland. Es wird Zeit, daß wir – damit meine ich vor allem die Ärzteschaft – umdenken und uns neu orientieren. Dabei ist es durchaus anregend, den Blick nach Skandinavien zu wenden. Die Erfahrungen, die ich im folgenden schildern möchte, habe ich in der anästhesiologischen Abteilung eines größeren jütländischen Kreiskrankenhauses gesammelt.

Das oberste Gebot ist, daß die Patienten schmerzfrei sein sollen, egal, ob es sich um akute Schmerzen, chronische Schmerzen oder Schmerzen im Rahmen einer Krebserkrankung handelt. Dabei wird auch kein Unterschied zwischen Erwachsenen und Kindern gemacht. Das heißt in der Praxis, daß auch akute Schmerzzustände, z. B. nach Operationen, wenn nötig mit Opiaten behandelt werden, und zwar auch bei Kindern. Der große Unterschied zwischen Deutschland und Dänemark bezüglich des Opiatverbrauchs ist zu einem großen Teil dadurch begründet. Im folgenden soll anhand einiger Beispiele beschrieben werden, wie bei der Schmerztherapie von Tumorpatienten im Endstadium verfahren wird.

Im Endstadium der Erkrankung an einem bösartigen Tumor (Krebs) sind die betroffenen Menschen in ihrer Lebensqualität besonders durch zunehmende, in der Regel sehr starke Schmerzen beeinträchtigt. Häufig erhalten bei uns gerade diese Menschen keine ausreichende Schmerzbehandlung, z. T. weil man Nebenwirkungen fürchtet. Sicherlich spielt in diesem Zusammenhang auch das sehr umständliche deutsche Betäubungsmittelgesetz (abgekürzt BtM), das die Anwendung und Verschreibung von Opiaten regelt, eine nicht zu vernachlässigende Rolle (vgl. *Kuschinsky & Lüllmann*, 1987, die berichten, daß nach Einführung der BtM-Rezepte der Verbrauch von Opiaten stark zurückgegangen ist). Stärker wirksame Schmerzmittel müssen auf speziellen, recht umständlich auszufüllenden Rezepten verschrieben werden (den sogenannten BtM-Rezepten), wobei bestimmte, vom Gesetzgeber vorgeschriebene Höchstmengen zu beachten sind. Außerdem müssen die Durchschläge vom verschreibenden Arzt drei Jahre lang aufgehoben werden.

Bei terminal Kranken (d. h. im Endstadium der Erkrankung) spielt die Entwicklung einer möglichen Abhängigkeit vom Schmerzmedikament natürlich keine Rolle. Hierzu ist anzumerken, daß es auch nach längerfristiger Anwendung von Opiaten zur Behandlung akuter Schmerzen nur selten zur Entwicklung einer Abhängigkeit kommt. Besonders wichtig für Patienten mit chronischen Schmerzen ist, daß sie Vertrauen zu ihrem behandelnden Arzt haben. Ich möchte hier nicht auf die Behandlungsmöglichkeiten mittels Entspannungstraining, Massage, Akupunktur etc. eingehen, sondern mich darauf beschränken, zu beschreiben, wie Tumorpatienten an dem dänischen Krankenhaus, an dem ich arbeite, betreut werden.

In der Regel erhalten Tumorpatienten mit relativ geringen Schmerzen Analgetika (Schmerzmittel) in Tablettenform oder als Zäpfchen, wobei hier wiederum Opiate sehr großzügig angeordnet werden. Die häufigsten Nebenwirkungen sind dabei Übelkeit und Verstopfung, denen man durch Wechsel des Präparates, Reduktion der Dosis, Kombination verschiedener Schmerzmittel und eine ballaststoffreiche Kost begegnen kann. Diese Behandlung wird durch den Klinikarzt, den Hausarzt und ambulante Pflegekräfte gesteuert. An dieser Stelle ist zu bemerken, daß die ambulante Pflege in Dänemark vorbildlich ausgebaut ist.

Sind die Schmerzen nicht mehr durch eine solche Behandlung zu beherrschen, oder ist der Patient durch Nebenwirkungen zu stark be-

Schmerztherapie in Dänemark – einige Eindrücke　　　115

einträchtigt, wird er zur anästhesiologischen Abteilung des Krankenhauses überwiesen. Dort wird er in der Regel von einem erfahrenen Oberarzt gesehen, der mit dem Patienten zusammen festlegt, mit welcher Art der Schmerztherapie fortgefahren werden soll. Für die Behandlung von Tumorschmerzen sind epidurale Katheter sehr gut geeignet. Dabei handelt es sich um einen dünnen Kunstoffschlauch, der mittels einer speziellen Führungskanüle in den Epiduralraum (Wirbelkanal zwischen dem Knochen und der das Rückenmark umhüllenden Haut) vorgeschoben wird. Spritzt man in diesen Raum ein Lokalanästhetikum ein, so breitet sich dieses langsam aus und betäubt vor allem die Nervenwurzeln. Dadurch wird die Weitergabe von Schmerzreizen ins Gehirn unterbrochen, der Schmerz also nicht mehr wahrgenommen. Das Legen dieser Katheter ist nicht ganz einfach, kann jedoch unter entsprechender Anleitung relativ rasch erlernt werden. Es besteht ein geringes Risiko für eine Rückenmarksverletzung, die Bildung eines Blutergusses im Epiduralraum, eine versehentliche Fehlinjektion in eine Vene oder in den Spinalraum, sowie ein gewisses Infektionsrisiko. Ein Epiduralkatheter kann durchaus ohne Wechsel bis zu mehreren Monaten liegengelassen werden. Man kann einen Epiduralkatheter nicht nur zur Schmerztherapie, sondern auch zur Lokalanästhesie, also zur vollständigen Betäubung, benutzen. Der für die Patienten bedeutendste Vorteil ist, daß man nur sehr geringe Mengen Schmerzmittel braucht und somit Nebenwirkungen wie z. B. Übelkeit, Schläfrigkeit und Verstopfung kaum vorkommen. Das Schmerzmittel, ein Opiat oder eine Mischung aus einem Opiat und einem Lokalanästhetikum, kann entweder kontinuierlich über eine Pumpe gegeben werden, oder es wird in Einzeldosen vom Patienten selber, von Angehörigen oder einer Pflegekraft injiziert.

Des weiteren gibt es die Möglichkeit, ein spezielles Kathetersystem zur intravenösen oder subkutanen Applikation von Schmerzmitteln ähnlich wie einen Schrittmacher unter der Haut zu implantieren. Der Vorteil dieses sogenannten Port-Cath-Systems ist, daß es sehr lange (eventuell mehrere Jahre) liegenbleiben kann und die Infektionsgefahr im Vergleich zur herkömmlichen intravenösen Injektion sehr viel geringer ist. An alle diese Kathetersysteme kann eine tragbare Pumpe angeschlossen werden, mittels der kontinuierlich Schmerzmittel injiziert werden. Außerdem kann der Patient sich selber auf Knopfdruck zusätzliche Dosen Schmerzmittel injizieren. Diese Pumpen sind durch eine

Programmier-Codekarte gesichert, die nur der behandelnde Arzt hat. Er programmiert die Pumpe. Dabei wird in der Regel eine bestimmte kontinuierliche Injektionsmenge eingestellt. Es kann auch programmiert werden, wie oft pro Stunde und in welcher Menge der Patient Extragaben anfordern kann. Dadurch wird eine Überdosierung verhindert. Es kann also auch geschehen, daß der Patient zwar eine Extramenge anfordert, diese aber nicht erhält, da die einprogrammierte Höchstmenge bereits überschritten ist. Der Computer verzeichnet jedoch, wie oft der Patient einen Extrabolus angefordert hat, so daß der behandelnde Arzt einen Anhaltspunkt dafür hat, um wieviel eventuell die Dosis gesteigert werden muß. Die Pumpen sind mit speziellen Kassetten versehen, in denen sich das Schmerzmittel befindet. Um einen Mißbrauch zu verhindern, gibt es einen Verschlußmechanismus, für den man einen besonderen Schlüssel braucht, den in der Regel der betreuende Arzt oder die ambulante Pflegekraft hat. Die Kassetten mit dem Schmerzmittel werden von der Krankenhausapotheke speziell für den Patienten zubereitet. Sie sind nur dort erhältlich, können jedoch von jeder Dorf- oder Stadtapotheke angefordert werden. Die Steuerung der Therapie liegt in der Hand des Anästhesisten. Muß die Schmerztherapie geändert werden oder treten Komplikationen auf, konsultiert der Patient den Anästhesisten in der Klinik. Niedergelassene Anästhesisten gibt es in Dänemark nicht.

Relativ neu und noch sehr teuer ist die transdermale Gabe von Opiaten. Ein industriell gefertigtes und mit einer bestimmten Menge Opiat versehenes Pflaster wird auf die Haut aufgeklebt. Das Schmerzmittel wird über die Haut in den Körper aufgenommen. Das Prinzip gleicht dem der Nitropflaster. Der Vorteil dieser Art der Applikation ist die leichte Anwendbarkeit und gute Verträglichkeit. Nachteilig sind die unsichere Resorptionsrate, die sich mit der Durchblutung der Haut ändert, sowie der Preis (die Pflaster sind zur Zeit noch sehr teuer). Viele Patienten kommen jedoch mit dieser Methode lange gut zurecht. Natürlich kann man auch die verschiedensten Möglichkeiten der medikamentösen Schmerztherapie miteinander kombinieren, um Schmerzfreiheit bei möglichst geringen Nebenwirkungen zu erzielen.

Nicht alle Arten von Tumorschmerzen sind durch Opiate zu beherrschen. Knochenschmerzen, verursacht durch Knochenmetastasen, sprechen z. B. meist sehr gut auf eine palliative (d. h. symptomlindernde, jedoch nicht heilende) Bestrahlung an. Muskelschmerzen durch Muskelrigidität, meist Folge von Knochenschmerzen, sprechen gut auf Massage, Bewegungstherapie und muskelrelaxierende Medikamente wie z. B. Diazepam an (vgl. Andreasen, Jensen & Nielsen, 1994).

Wie die Schmerztherapie eines Tumorpatienten in der Praxis aussieht, möchte ich an einem Beispiel schildern. Herr N. ist 72 Jahre alt. Vor etwa einem Jahr hat man bei ihm einen bösartigen Prostatatumor festgestellt, der so weit wie möglich entfernt wurde. In der letzten Zeit hat Herr N. zunehmende Schmerzen in der Lendenwirbelsäule. Da man den Verdacht hat, daß diese Schmerzen durch Knochenmetastasen verursacht sein könnten, wird eine Knochenszintigraphie durchgeführt, die den Verdacht leider bestätigt. Herr N. erhält einige Bestrahlungen der befallenen Wirbel, die die Schmerzen etwas lindern. Gleichzeitig erhält er ein Morphinpräparat, wobei er mit recht niedrigen Dosen schmerzfrei wird. Nach einigen Wochen nehmen die Schmerzen wieder zu. Die Morphindosis wird erhöht, was nur einige Tage hilft. Herr N. erhält erneut Bestrahlungen, die ebenfalls nur für kurze Zeit Linderung bringen. Der behandelnde Chirurg empfiehlt Herrn N. nun, die Schmerzen mittels eines Epiduralkatheters behandeln zu lassen. Herr N. ist einverstanden, woraufhin ein Anästhesist zugezogen wird. Dieser bespricht mit Herrn N. die verschiedenen Möglichkeiten der Schmerztherapie und legt in Lokalbetäubung einen Epiduralkatheter. Herr N. erhält eine bestimmte Menge Morphin über den Katheter, die er sich in einzelnen Dosen selber spritzt (z. B. 5mg Epiduralmorphin dreimal täglich). Damit ist er schmerzfrei. Nebenwirkungen treten bei ihm nicht auf, auch ist er durch den Katheter nicht behindert, er kann z. B. mit dem Katheter duschen. Er wird nach Hause entlassen. Zweimal in der Woche kommt eine ambulante Pflegekraft zu Herrn N. und schaut sich dabei auch den Katheter an. Nach einigen Wochen muß die Morphindosis erhöht werden, was nach telefonischer Rücksprache der ambulanten Pflegekraft mit dem behandelnden Anästhesisten geschieht. Nach etwa zwei Monaten muß ein neuer Katheter gelegt werden, da sich die Haut um die Einstichstelle herum etwas infiziert hat. Das wird ambulant im Krankenhaus durchgeführt. Es wird mit der Schmerztherapie wie gehabt fortgefahren. Herr N. wird zunehmend schwächer, so daß es nach einigen Wochen nötig wird, ihn im Krankenhaus zu behandeln. Dort stirbt er nach etwa zwei Wochen. Er war bis zu seinem Tod beinahe schmerzfrei.

Es gibt also allein im medikamentösen Bereich sehr viele Möglichkeiten, akute und chronische Schmerzen zu behandeln. Ich meine, es ist gerechtfertigt zu behaupten, daß es keine therapieresistenten, somatisch bedingten Schmerzen gibt. Natürlich kostet Schmerztherapie Geld. Meiner Meinung nach ist es jedoch nicht nur eine ärztliche, sondern eine gesellschaftliche Verpflichtung, eine ausreichende Schmerztherapie anzubieten. Eine gute Schmerztherapie sollte genauso selbstverständlich sein wie die Betäubung bei einer Operation. Es wäre zu wünschen, daß wir in diesem Bereich den Austausch mit unseren skandinavischen Nachbarländern intensivieren, denn von ihnen können wir gerade auf diesem Gebiet sehr viel lernen. Und lernen müssen wir noch viel, bis auch bei uns die Menschen keine Angst mehr vor Schmerzen haben müssen.

Literatur

Andreasen, F., Jensen, T. S. & Nielsen, K. O. 1994. Rationel Smertebehandling. Kopenhagen: Akademisk Forlag.

Kuschinsky, G. & Lüllmann, H. 1987. Kurzes Lehrbuch der Pharmakologie und Toxikologie. Stuttgart: Georg Thieme Verlag.

Kutzer, K. 1993. Das Recht auf den eigenen Tod. In J.-H. Student (Hrsg.), Das Recht auf den eigenen Tod (S. 44–65). Düsseldorf: Patmos.

Organspende

Sterben und Tod auf der Intensivstation
Der hirntote Patient zwischen Angehörigen und Arzt

Harald Barth

»Wer behauptet, er sehe dem Tod ohne Furcht entgegen, der lügt. Alle Menschen haben Angst vor dem Sterben, das ist das Gesetz aller fühlenden Wesen, ohne das die gesamte Menschheit bald zerstört wäre«, diese Worte des französischen Philosophen Jean-Jacques Rousseau aus dem 18. Jahrhundert werden im Jahr 2 000 noch genauso gelten wie vor 200 Jahren, und die Herausforderung, mit dem Tod umzugehen, wird noch immer die gleiche sein.

Die Gesellschaft ist jedoch vor allem auf Jugendlichkeit und körperliche Leistungsfähigkeit ausgerichtet. Auf der anderen Seite wird die Bedeutung der Kranken- und Altenpflege sowie die Notwendigkeit der Akzeptanz des Umganges mit dem Prozeß des Sterben und des Todes sowohl in der Familie als auch in der Gesellschaft weiter wachsen.

Eine Besonderheit des Fachgebietes Neurochirurgie ist, daß hier zwar weniger, dafür aber meist jüngere Patienten sterben. Das betrifft insbesondere die Krankheitsbilder der schweren und schwersten Schädel-Hirn-Verletzungen und der Subarachnoidalblutung (Hirnblutung). Bei den intrazerebralen Blutungen ist bereits eine höhere Altersgruppe betroffen, jedoch nimmt die Anzahl der zu behandelnden Patienten mit diesem Krankheitsbild, welches ebenfalls ohne Vorboten schlagartig auftritt, aufgrund der steigenden Lebenserwartung zu.

Akzeptiert man den Hirntod als Individualtod des Menschen, zeichnet sich eine weitere wesentliche Besonderheit des neurochirurgischen Fachgebietes ab. Wird durch wiederholte Untersuchungen bestätigt, daß jegliche Hirnfunktion erloschen ist, sind durch die moderne Intensivmedizin alle anderen Organfunktionen durchaus für einen bestimmten Zeitraum aufrechtzuerhalten. Somit entwickelte sich das Problem der Hirntoddiagnostik zwangsläufig als Folge der Intensivmedizin und in keinster Weise durch die Transplantationsmedizin. Dies wird gegenwärtig oftmals verkannt und falsch dargestellt.

Dieses Problem, das von der überwiegenden Mehrheit der Ärzte verstanden und anerkannt wird, stößt aber bei Laien allzuoft auf Unverständnis: »Wie kann ein Mensch tot sein, wenn sein Herz schlägt, er sich warm anfühlt und die Monitore Signale wie beim wachen, lebendigen Patienten im Bett nebenan registrieren?« Diese Diskrepanz und der resultierende Zweifel erfordern einen unmißverständlichen und eindeutigen Dialog zwischen behandelnden Ärzten und Angehörigen.

Erst nach der Feststellung der Diagnose »Hirntod« sollte mit den Angehörigen darüber gesprochen werden, daß der Tod des Patienten aufgrund des Totalausfalls der Hirnfunktion vorliegt und nur durch technische, maschinelle Unterstützung die Herz- und Kreislauffunktion noch aufrechterhalten bleibt.

Aber auch das Gespräch mit dem Transplantationszentrum wird erst nach Feststellung des Hirntodes und erteilter Zustimmung zur Organspende durch die Angehörigen geführt. Es sei denn Angehörige sprechen diese Thematik von sich aus an. Das ist aber in der heutigen Praxis eher die Ausnahme, zeugt aber von großer Verantwortung und ist ein Beleg dafür, daß sich einzelne Menschen bereits zu Lebzeiten mit der Thematik ihres Todes in der Familie beschäftigen. Von 200 verstorbenen Patienten auf unserer Intensivstation hatten nur drei einen Organspenderausweis. Und nur wenige Angehörige suchen dieses Gespräch in der Stunde der größten Trauer und seelischen Belastung.

Auf keinen Fall sollte ein Arzt, der sich der Intensivmedizin verschrieben hat, dieses Gespräch fürchten. Vielmehr sind Angehörige in dieser Situation der akuten Konfrontation mit dem Sterben und dem zu erwartenden Verlust ihres Nächsten für ein offenes Gespräch in der Regel sehr dankbar. Dabei ist das erste Gespäch nach einer akuten lebensbedrohlichen Erkrankung des Gehirns eine Gratwanderung zwischen Hoffnung und Realität, wobei überwiegend zwei Reaktionsmuster zu beobachten sind.

Der erste Fall ist, daß ein Patient längere Zeit auf der Intensivstation liegt. Dadurch haben die Angehörigen Zeit, sich mit dem Umfeld der »Apparatemedizin« zu beschäftigen. In wiederholten Gesprächen erkennen sie den Krankheitsverlauf. Sie registrieren Erfolge und Niederlagen und sehen den Gesamtzustand letztendlich sehr realistisch. Leider ist die Angst vor einem »Pflegefall« sehr groß. Oftmals hat man den Eindruck, daß ein lebender »Pflegefall« bedrückender ist als der Tod.

Wesentlich schwieriger sind die Fälle, bei denen sich bereits zu Beginn der Behandlung ein absolut infauster (aussichtsloser) Behandlungsverlauf abzeichnet. Dabei handelt es sich ausnahmslos um Unfallopfer oder Patienten mit schwerster Hirnblutung. Anders als bei chronischen Erkrankungen, selbst Krebserkrankungen, werden die Angehörigen hier schlagartig und völlig unvorbereitet mit der Angst vor dem Tod konfrontiert. Es bleibt ihnen keine Zeit, sich mit der über sie hereinbrechenden Realität schrittweise auseinanderzusetzen. In diesen Fällen, und diese überwiegen in unserer täglichen Arbeit, ist das Gespräch über den Zustand des Patienten ungleich schwieriger. Zum einen werden die Angehörigen von der Ohnmacht gegenüber der Krankheit erdrückt. Zum anderen gibt es auch von uns Ärzten keine realistische Hoffnung zu hören.

Bei all diesen Gesprächen, sei es im Arztzimmer, sei es am Bett des Patienten, darf keine Routine erkennbar werden. Immer sind es Einzelschicksale, und so müssen sie gewertet und behandelt werden.

Ist der Zeitpunkt gekommen, an dem wir die Pflicht haben, den Angehörigen die letzte Hoffnung zu nehmen, der Zeitpunkt, nachdem wir den völligen, irreversiblen Funktionsausfall des Gehirns und somit den Individualtod diagnostiziert haben, kommt die schwerste Stunde für die Angehörigen und die behandelnden Ärzte, aber auch für das Pflegepersonal. Konnte der Tod nicht abgewendet werden, kommt es einer Niederlage in unserer täglichen Arbeit gleich?

Im nun folgenden Gespräch muß die Möglichkeit einer Organspende angesprochen werden. Auch das ist unsere Pflicht als Ärzte. Hierbei ist immer wieder zu beobachten, daß viele Angehörige dankbar sind, wenn dieses Thema angesprochen wird. Noch zu viele Menschen scheuen sich vor dem ersten Schritt zu einem solchem Gespräch. Dabei sollten wir Ärzte uns immer darüber im klaren sein, daß die nun geforderte Entscheidung eine lebenslange Last für die Angehörigen bleiben wird. Damit ist zum einen auch die hohe Ablehnungsrate von etwa 60 Prozent zu erklären.

Eine Frau, Mutter von drei Kindern, wird mit einer schweren Subarachnoidalblutung eingewiesen. Die Hirnschädigung ist bereits so stark, daß den Angehörigen nur wenig Hoffnung gemacht werden kann. Als Verbindungsglied zu den Angehörigen fungiert die älteste Tochter, eine verheiratete Frau mit zwei Kindern. Täglich besucht sie ihre Mutter und spricht mit dem Pflegepersonal und den Ärzten. Danach informiert sie ihren Vater und ihre Geschwister. Vier Tage später lassen sich keine Hirnfunktionen mehr nachweisen. Nach wiederholten Untersuchungen wird die Diagnose »Hirntod« gestellt. Auch zum letzten Besuch und Gespräch kommt nur die Tochter. Auf die Thematik der Organspende angesprochen gibt sie sofort das Einverständnis. Dann die Einschränkung, die uns alle tief bewegt. Keiner der Geschwister dürfte diese Entscheidung erfahren. Mit ihrem Vater hatte sie dieses Problem bereits besprochen. Beide waren sich einig, daß es die Entscheidung der Verstorbenen sei, anderen Menschen zu helfen. Über eine Zustimmung oder Ablehnung sollte jedoch allein die Tochter entscheiden. Ihr Vater wollte nichts über die Entscheidung wissen. Eine bewundernswerte und bisher einmalige Entscheidung, die diese Frau ein Leben lang mit sich allein trägt. Mit keinem der Familie wird sie, insbesondere in den ersten, schweren Stunden und Tagen des unverhofften Verlustes ihrer Mutter darüber reden können.

Die Entscheidung zur Organspende sollte eine Entscheidung im Sinne und im Vermächtnis des Verstorbenen sein. Und genau das muß den Angehörigen unmißverständlich klar gemacht werden. Sie sollten versuchen, die Entscheidung des Verstorbenen wiederzugeben, nicht ihre eigene. Nur dann können sie diese Entscheidung tragen und ein Leben lang gut damit umgehen. Hierzu muß den Angehörigen ausreichend Zeit zur Besinnung und Überlegung gegeben werden.

Eine junge Frau verstirbt an den Folgen einer schweren Subarachnoidalblutung am zweiten Tag nach der Aufnahme. Der Ehemann, der nur in Begleitung seiner Schwägerin auf die Intensivstation zu seiner Frau kam, erscheint in dieser Situation völlig überfordert. Im ersten Gespräch lehnt er auch sofort sowohl eine Obduktion als auch eine Organspende kategorisch ab. Dabei realisiert er nicht, daß er ausschließlich seine Entscheidung, bestärkt durch den Verlust seiner Frau, kundtut. Entsetzt über diese Entscheidung erinnert seine Schwägerin daran, daß ein Onkel seit mehreren Jahren nach einer Nierentransplantation sehr gut und voller Dankbarkeit lebe. Dann die zweite Kurzschlußreaktion durch den Ehemann: »*Dann spende ich eben eine Niere.*« *Hier brechen wir das Gespräch ab. Der Ehemann verläßt völlig verstört das Arztzimmer. Die Schwägerin entschuldigt sich. Alle, auch wir sind tief betroffen. Nach einer halben Stunde erscheinen beide wieder auf der Intensivstation. Der Ehemann entschuldigt sich. Dann sagt er nur noch wenig. Die Schwägerin berichtet über die lebenslustige, lebensbejahende und hilfsbereite Einstellung der Verstorbenen. Klar und deutlich stellt nun auch der Ehemann die Entscheidung seiner Frau für eine Organspende dar. Sichtlich erleichtert verlassen uns beide nachdem die Entscheidung für eine Organspende getroffen wurde.*

Wird die Entscheidung zur Organspende getroffen, ist es ein doppelter Schmerz, wenn diese durch das Transplantationszentrum nicht realisiert werden kann. Haben sich die Angehörigen in der schwersten Stunde des Verlustes, dem Vermächtnis des Verstorbenen folgend, für eine Organspende entschieden, sind nun auch sie selbst vom Wunsch, anderen Menschen zu helfen, bewegt. Ist dieser Wunsch nicht realisierbar, wird ihnen auch die letzte, schwer erkämpfte Möglichkeit, noch zu helfen, genommen. Ihre gute Tat wird verstoßen, wird abgelehnt. Hier muß ein ausführliches Gespräch geführt werden und auch der Dank für die getroffene Entscheidung zum Ausdruck kommen. Dieses Gespräch müssen die behandelnden Ärzte führen, nicht die Ärzte des Transplantationszentrums. Hier darf keine Verantwortung abgegeben werden. Nur der Arzt, der die Angehörigen von Beginn der Behandlung an kennt, kann und sollte diese Gespräche führen.

Ein 22jähriger Mann verunfallt unverschuldet auf dem Weg zur Arbeit mit dem Motorrad. Durch den Notarzt versorgt wird er in unsere Klinik eingeliefert. Nach der ersten klinischen Untersuchung und der sofortigen Computertomographie des Kopfes werden schwerste Gehirnverletzungen diagnostiziert. Weiterhin liegen Verletzungen des Bauches und der Extremitäten vor. Die medizinische Diagnose läßt sich leicht in wenige Worte fassen: »*schweres gedecktes Schädel-Hirn-Trauma und Mehrfachverletzungen*«*. Die erste Vermutung bestätigt sich, der Hirndruck ist extrem erhöht und läßt sich in keinster Weise beeinflussen. Trotz aller Versuche das Leben zu erhalten, lassen sich nach zwei Tagen keinerlei Hirnfunktionen mehr nachweisen. Die Diagnose* »*Hirntod*« *wird durch wie-*

derholte Untersuchungen bestätigt. Von den Eltern erfahren wir, daß ihr Sohn gerade seinen Zivildienst in der Alten- und Krankenpflege leistet. Oft haben sie gemeinsam über seine Arbeit und über den Tod gesprochen, über den eigenen jedoch nicht. Nach einem gemeinsamen Frühstück begab er sich auf den Weg zur Arbeit. Dann dieser schreckliche Unfall. Und nun die Mitteilung durch uns. Bereits im ersten Gespräch werden die Eltern auf die nur geringe Hoffnung hingewiesen. Lange verweilen sie am Bett ihres Sohnes und nehmen Abschied. Einer Organspende stimmen sie ohne lange Überlegung zu: »*Es ist sicher die Entscheidung unseres Sohnes, auch in dieser Situation anderen Menschen zu helfen.*« *Dadurch fühlen sie sich selbst auch deutlich gestärkt. Dann die zweite Niederlage. Die Organspende wird aus medizinischen Gründen – es werden Antikörper festgestellt, die gegen eine Organtransplantation sprechen – vom Transplantationszentrum abgelehnt. Nach drei Wochen erhielt ich einen Brief voller Dankbarkeit von den Eltern. Dankbar waren sie für die Offenheit der Gespräche und für die Begleitung auf ihrem schwersten Weg.*

Die drei geschilderten Beispiele sollen die unterschiedlichen Reaktionen Angehöriger im Prozeß des Sterbens und in der Konfrontation mit dem Thema Hirntod und Organspende darstellen. Sie sollen aber auch die Schwierigkeiten im Entscheidungsprozeß aufzeigen und die Problematik dieses Gebietes der modernen Intensivmedizin für Pflegepersonal und Ärzte beleuchten.

Der »gute Tod«

Lebens-Wert?
Tödlicher Zeitgeist – Die Neo-Euthanasiedebatte

Manfred Schleker

Jahrhunderte lang – seit der Antike bis in die Mitte des 19. Jahrhunderts – galt »Euthanasie«, ein »guter Tod« im Sinne des Wortes, als ein Zeichen für die Rettung der Seele und als eine glückliche Erfahrung für die Angehörigen und Freunde. Literatur und Malerei des Mittelalters propagierten die »ars moriendi«, die »Kunst des Sterbens«. Heute wird das Ideal eines »würdigen Todes« immer mehr zum Mythos. Der Tod wird immer mehr der Öffentlichkeit entzogen. Der sterbende Mensch wird um seinen »eigenen Tod« betrogen, darf häufig nicht mehr umgeben von Familie und Freunden sterben (vgl. *Ariès*, 1991). In unsere Welt der technischen und gesellschaftlichen Machbarkeit paßt der Tod nicht. Er ist tabuisiert, aus dem Bewußtsein vieler Menschen eliminiert.

Viele Menschen sterben in den »Armen der Apparatemedizin«, viele Angehörige flüchten vom Sterbebett. Vielen Pflegepersonen fehlt es an der notwendigen Empathie. Ärzte, die für die Bewertung einer Konfliktsituation – Durchführung lebensverlängernder Maßnahmen oder deren Unterlassung – keine Maßstäbe oder Entscheidungskriterien haben, ziehen sich auf juristische Begründungen einer »voluntas aegroti« (Wille des Kranken) zurück, weil sie nicht erkennen, daß im Sinne des »salus aegroti« (Wohl des Kranken) das Kriterium nicht die Unheilbarkeit, sondern das Leiden des Kranken und Sterbenden sein sollte.

Mit Sorge beobachte ich eine Euthanasiedebatte, die zwar nicht mehr an die Ideologie des Nationalsozialismus gebunden ist, sondern »wertfreier«, logischer, kälter geführt wird und nach dem Mißbrauch der Euthanasie durch den »Gnadentod« des Dritten Reiches in dieser Form nicht mehr möglich erschien. Im Jahre 1986, auf einem internationalen Kongreß der Humangenetiker in Berlin, trug *Helga Kuhse*, eine Mitarbeiterin des australischen »Bioethikers« *Peter Singer*, Thesen aus dessen Buch »Praktische Ethik« (*Singer*, 1984) vor. Sie sagte u.a., es gelte, den auf überholter religiöser Grundlage errichteten Begriff der Unverletzlichkeit des Lebens abzulösen durch eine rationale Ethik, die den wissenschaftlichen und kulturellen Erfordernissen der modernen Zeit angemessen ist. Im Rahmen dieser Ethik sei es möglich und notwendig, lebenswertes und lebensunwertes Leben zu unterscheiden und das lebensunwerte zu vernichten. Ihr Vortrag wurde mit Beifall aufgenommen.

»Replacement«, so heißt die Theorie, in der *Singer* eine Glücksbilanz zieht: Die Summe des Unglücks durch einen behinderten oder kranken Menschen in der Familie wird ersetzt durch die Summe des Glücks (einschließlich des finanziellen Glücks auch für den Staat), die statt des (umgebrachten) Behinderten ein gesunder (geborener) Mensch erbringt. Dabei soll es nicht nur um die hoffnungslosen oder aussichtslosen Fälle gehen; Leben wird nach dieser These in Zukunft zu allen Zeiten zur Disposition stehen. Denn in der Debatte um *Peter Singer*s Thesen zur Euthanasie und Sterbehilfe werden die Menschen wieder aufgeteilt in brauchbare und unbrauchbare, nützliche und unnütze Individuen. Leben steht danach zur Disposition, wenn ein Mensch in dem Kriterien-Katalog der Perfektion zu viele Minuspunkte aufweist. Der Mensch hat in diesem Konzept nicht Würde, sondern allenfalls Wert; er ist eine Größe in einem Kalkül, genauer: in wechselnden Kalkülen.

In dieser »praktischen Ethik« wird vergessen, daß jeder Mensch durch Krankheit oder Unfall sehr schnell seine »Personalität« oder sein »Selbst-Bewußtsein« verlieren kann, Eigenschaften, die *Peter Singer* als Bedingungen eines »lebenswerten Lebens« beschreibt. Die Notwendigkeit einer Sensibilisierung für diese schleichende Neo-Euthanasiedebatte ist besonders groß, damit aus einem »tödlichen Zeitgeist« nicht eines Tages wieder ein öffentlich akzeptiertes »tödliches Mitleid« wird. Dazu bedarf es einer Rückbesinnung auf die ethische Verantwortung des Arztes und auf den ursprünglichen Euthanasiebegriff.

Der griechische Ursprung des Wortes »Euthanasie« (εὐθανασία) bezeichnet die Vorstellung von einem guten, möglichst schmerzlosen aber auch ehrenvollen Tod. Die klassische Form dieses Euthanasie-Verständnisses ist eine Herausforderung an das ärztliche Ethos. Sie bedeutet nicht aktive Lebensverkürzung, sondern Linderung der Schmerzen mit palliativen (lindernden) und therapeutischen Mitteln. Der Arzt bleibt bei dem Sterbenden besonders dann, wenn kurative

Hilfe (Heilung) nicht mehr möglich ist. Euthanasie ist in diesem Sinne eine umfassende Therapie, welche die Würde des Menschen auch im Sterben und im Tode bejaht.

Heutzutage bedeuten die wachsende Manipulierbarkeit des Todes durch medizintechnische Entwicklungen und das entsprechend steigende Interesse, über das eigene Leben und Sterben selbst bestimmen zu können, große Herausforderungen für die medizinische Ethik. In der Bundesrepublik gilt das Grundrecht der körperlichen Unversehrtheit (Art. 2, Abs. 2 des Grundgesetzes). Das schließt aktive Lebensverkürzung oder aktive Tötung im Sinne einer »Hilfe zum Sterben« aus. Schmerzlinderung ohne Lebensverkürzung als »Hilfe im Sterben« ist dagegen nicht nur zulässig, sondern in manchen Situationen sogar geboten. Diese passive Sterbehilfe sollte aber auch das menschenwürdige Sterben einbeziehen. Die Besinnung auf das ärztliche Ethos der Heilkunde im 19. Jahrhundert ist dabei hilfreich – in einer Zeit, in der ein neuer Sozialdarwinismus in Form pränataler und perinataler physischer Selektion und postnataler ökonomischer Selektion droht und in der oft vergessen wird, daß Werte wie Liebe, Güte, Vertrauen, Barmherzigkeit das Personsein des Menschen konstituieren, unabhängig vom quantitativen Ausmaß seiner Leistungsfähigkeit.

Literatur

Ariès, P. 1991^5. Geschichte des Todes. München: dtv.

Singer, P. 1984. Praktische Ethik. Stuttgart: Reclam.

Die Beerdigung

Erde zu Erde, Asche zu Asche ...
Bestattungsformen und Abschiedsriten

Ulrich George

»Er gab den Armen hin, was er besaß,
und gibt sich jetzt den Maden noch zum Fraß ...
was sonst noch von ihm übrigbleibt,
nur eine Nessel noch zur Blüte treibt«

So drastisch und lebenszugewandt sprach im 15. Jahrhundert der Dichter und Vagant *Francois Villon* in »Notwendige Nachschrift mein Begräbnis betreffend« von seinem Tod. So selbstverständlich war ihm das eigene Ende, so gegenwärtig die Fülle des Lebens, daß ihm der eigene Tod nur ein Kleines von so vielem im großen Zusammenhang des Lebens war.

»Ich möchte später verbrannt werden, weil ich mir nicht vorstellen kann, zu vermodern und ein Würmerfraß zu sein«, sagte mein buddhistischer Freund. Eine alte christliche Bäuerin dagegen meinte: »Wenn ich mir vorstelle, allein unter vielen fremden Toten tagelang im Krematorium bis zur Verbrennung aufbewahrt und dann im Ofen verbrannt zu werden, nein, das finde ich scheußlich.«

Zu *Villons* Zeiten bis hinein ins späte 19. Jahrhundert standen die Form der Bestattung und der Abschiedsritus im christlich geprägten Abendland nicht zur Diskussion. Es war fraglos klar, daß der Leichnam eines Menschen in der Erde beigesetzt wird, wo er dann verwest. Zwar gab es auch in der letztendlichen Gleichheit vor dem Tod immer noch Standesunterschiede in der Form der Beisetzung, aber Erd- oder Feuerbestattung, letztere mit den unterschiedlichsten Möglichkeiten der Beisetzung, wie wir sie heute vorfinden, standen nicht zur Debatte. Eine Feuerbestattung war aufgrund der Auferstehungserwartung außerhalb des Denkbaren.

Mit den großen und alle Lebensbereiche durchdringenden Veränderungen unseres Jahrhunderts hat sich auch die Einstellung zu Sterben, Tod und Begräbnis verändert. Nachdem in den 70er Jahren des 19. Jahrhunderts in Mailand und Gotha die ersten Krematorien errichtet und in Betrieb genommen wurden, setzte sich zunächst in den Großstädten Westeuropas und Nordamerikas die Feuerbestattung als Alternative zur Erdbestattung durch. Seither sind wir vor die Aufgabe gestellt, für uns selbst zu Lebzeiten eine Entscheidung »unser Begräbnis betreffend« zu fällen oder nach unserem Sterben anderen zu überlassen.

Bestattungsformen

Die grundsätzliche Wahlmöglichkeit zwischen Erd- und Feuerbestattung hat im Laufe der Zeit eine Reihe verschiedener Begräbnismöglichkeiten vom Wahlgrab bis zur anonymen Beisetzung mit sich gebracht. Auch die Wahl des Ortes ist frei, jedoch kommen nach dem staatlichen Bestattungswesen (Leichenwesen) für die Beisetzung ausschließlich die eigens hierfür angelegten Friedhöfe in Frage. Nur zwei Ausnahmen bestätigen diese Regel. Im norddeutschen Raum ist das die Seebestattung und im ländlichen Raum auf alten Gütern die Beisetzung in Familiengruften, wobei diese beiden Formen einer besonderen Begründung und, im zweiten Fall, einer amtlichen Genehmigung bedürfen. Beide Formen der Beisetzung sind aufgrund des Wasserschutzes immer an eine Einäscherung gebunden und somit nur als Urnenbeisetzung möglich.

Das Friedhofswesen ist durch Ländergesetzgebung geregelt. Die Kommunen sind verpflichtet, Beisetzungsmöglichkeiten für die Bevölkerung bereitzuhalten. Besonders im ländlichen Raum ist das Friedhofswesen aufgrund alter Traditionen meistens den örtlichen Kirchengemeinden übertragen. Die jeweiligen Friedhofsverwaltungen bestimmen im Rahmen der Gesetzgebung selbst über eine Friedhofssatzung und Gebührenordnung und darüber, welche Gräberformen sie bereithalten und anbieten. Im ländlichen Raum setzt sich die Feuerbestattung erst seit etwa 15 Jahren langsam durch; anonyme Beisetzungen sind dort bis heute eher unüblich. Auch wenn im ländlichen Raum der Friedhof meist kirchlicher Verwaltung unterliegt, ist das Recht auf Bestattung unabhängig von Kirchenzugehörigkeit oder Weltanschauung.

Gräberformen

Alle Friedhöfe bieten Wahlgräber an, wobei die häufigste Form *Wahlgräber für Erdbestattungen* sind. Hier besteht zwischen den freien Grabflächen die Möglichkeit der Auswahl einer Grabstätte. Die Pachtdauer beträgt in der Regel 25 Jahre und kann für weitere Nutzung verlängert werden

Auch bei *Urnenwahlgräbern* besteht die freie Wahl des Grabes mit gleicher Nutzungsdauer. Urnengräber sind jedoch wegen anderer Parzellierung der Friedhofsfläche als bei Erdbestattungen in einem bestimmten, hierfür vorgesehenen Teil des Friedhofs angelegt. Für beide Formen von Wahlgräbern gilt, daß sie schon zu Lebzeiten und auch als Mehrfachgräber für Familienbegräbnisse erworben und verlängert werden können.

Reihengräber, die es sowohl für Erd- wie für Urnenbeisetzungen gibt, können nicht schon zu Lebzeiten erworben werden, sondern werden im Todesfall von der Friedhofsverwaltung der Reihe nach vergeben. Auch hier beträgt die Ruhezeit in der Regel 25 Jahre, allerdings kann das Grab nicht wiedererworben werden. Es wird nach Vorankündigung mit Ablauf der Ruhezeit von der Friedhofsverwaltung aufgelöst und abgeräumt.

Manche Friedhöfe bieten für Urnen- wie Erdbestattungen auch sogenannte *Rasengräber* an, die ebenfalls nur als Reihengräber vergeben werden. Bei dieser Art Gräber entfällt die oft aufwendige und teuere Grabpflege, da die Grabstätte in einer Rasenfläche liegt und keiner besonderen Gestaltung und Pflege bedarf. Anders als bei anonymen Gräbern ist die Grabstätte bekannt, und ein Grabstein zeugt von dem Verstorbenen. Wie bei allen Reihengräbern wird die Grabstelle nach Ablauf der Ruhefrist aufgelöst und der Grabstein entfernt.

Grabstätten können nicht völlig nach Belieben gestaltet werden. Die Gestaltung der Grabflächen sowie der Grabsteine ist an die jeweils geltende Friedhofsordnung gebunden. Das ist keine Beschneidung der Gestaltungsfreiheit. Der Friedhof soll als öffentlicher Ort der Erinnerung, Besinnung und ruhenden Einkehr dienen. In den großen Städten dienen die Friedhöfe gleichzeitig als Parks und gehören wie die offenen Kirchen zu den Zufluchtsstätten vor dem Getriebe und Geschiebe des Stadtlebens. Hier soll möglichst niemand in seiner Empfindsamkeit und Pietät verletzt oder gestört werden.

Das allmähliche Verschwinden alter Familientraditionen und -bindungen mit dem Preis der Vereinzelung und sich ändernder Verbindlichkeiten hat auch eine Veränderung der Beerdigungs- und Grabkultur zur Folge. Viele alleinstehende Menschen oder kinderlose Ehepaare treibt die Frage um, wem nach ihrem Ableben ihr Grab etwas bedeuten wird und wer für die Pflege aufkommen soll. Besonders die anonyme Beisetzung und die Seebestattung zeugen wie die Beisetzung in einem Rasengrab von einem sich wandelnden Bewußtsein hinsichtlich der Beerdigungsgewohnheiten.

Die *anonyme Beisetzung* ist eine Urnenbestattung in einem Gemeinschaftsgrabfeld. Die genaue Beisetzungsstelle ist nur der Friedhofsverwaltung, nicht aber den Angehörigen und Freunden bekannt. Nach der Trauerfeier zur Einäscherung findet keine öffentliche Beisetzung der Urne mehr statt. Kein Grabstein oder Namensschild gibt Aufschluß über das Grab. Blumen können nur an einem Gemeinschaftsgedenkstein niedergelegt werden.

Die *Seebestattung* findet im norddeutschen Küstenraum immer mehr Zuspruch. Auch hier geht der Beisetzung die Einäscherung voraus. In einer speziellen Urne, die im Meerwasser binnen weniger Stunden zerfällt, wird die Asche mit einem Motorboot außerhalb der Dreimeilenzone beigesetzt. In einer Seekarte wird der genaue Bestattungsort verzeichnet. Bedingung für diese Form der Beisetzung ist eine schriftliche Willenserklärung, die der Verstorbene zu Lebzeiten abgegeben haben muß.

Es gibt Menschen, die sich aus Enttäuschung und Resignation für eine anonyme Bestattung entscheiden. Andere möchten nicht ihren Kindern oder Angehörigen mit der aufwendigen Grabpflege zur Last fallen oder sind enttäuscht von mangelnder Fürsorge zu Lebzeiten. In solchen Fällen ist dann oft ein resigniertes oder aggressives »Verschwindenwollen« der tiefere Grund für den Wunsch nach einer anonymen Bestattung »unter dem grünen Rasen«.

Es muß aber längst nicht immer eine negative und pessimistische Einstellung zum Leben oder zu den Angehörigen sein, die Menschen bewegt, sich anonym oder in aller Schlichtheit bestatten zu lassen. »Irgendwann gibt es außer Gott sowieso keinen mehr, der mich gekannt hat«, sagte eine alte, alleinstehende Freundin zu mir. Sie wünschte sich, in Schlichtheit in einem Rasengrab »zur Erde gebracht« zu werden, »mit einem kleinen Kreuz drauf, wo Ihr dann Blumen hinlegen könnt«. Von dem kleingärtnerischen Gräberkult auf ihrem Heimatfriedhof, gegen den sie einen Widerwillen hatte, wollte sie nichts wissen.

Ebenso ohne Bitterkeit und Pessimismus vereinbarte die krebskranke Mutter einer Freundin mit ihrer Familie, daß sie anonym beigesetzt wird, da sie den weit entfernt wohnenden Kindern nicht die Last der Grabpflege und den Zwang von Besuchen aufbürden wollte. Den Kindern und dem Ehemann war klar, daß sie ihrer Mutter und Ehefrau auch im anonymen Gräberfeld gedenken und dort Blumen niederlegen können. »Die Erinnerung und Dankbarkeit Mutter gegenüber tragen wir sowieso in uns«, sagte die Freundin zu mir.

Auch die Seebestattung des alten Landwirts war für alle Angehörigen der Familie selbstverständlich und ohne Bitterkeit. Immer wieder hatte es den durch die Kriegswirren aus Ostpreußen nach Schleswig-Holstein verschlagenen alten Herrn zu Spaziergängen an die Ostsee gezogen, wie er es als Junge in Ostpreußen oft getan hatte. Irgendwann während eines Spazierganges mit seiner Frau äußerte er ihr gegenüber den Wunsch, einst auf See beigesetzt zu werden. Für seine Frau und seine Kinder war außer Frage, daß sie seinen letzten Wunsch erfüllen würden. »Mehr als an jeder anderen Grabstätte können wir uns ihm an der See nahe fühlen und uns an ihn erinnern«, erzählten sie mir während des Beerdigungsgesprächs.

Die Formalitäten

Nach dem ersten Gewahrwerden des Todes und dem seltsamen Verweilen im Niemandsland zwischen Wirklich und Unwirklich beginnt bis zur Beisetzung zunächst eine Zeit anspannender Aktivität für die Angehörigen. Binnen relativ kurzer Zeit muß die Trauerfeier organisiert, müssen Angehörige, Freunde und Bekannte benachrichtigt, Grab und Sarg ausgesucht und das Beerdigungsgespräch für die Trauerfeier geführt werden. Alles dreht sich in dieser Zeit von etwa einer Woche um den Verstorbenen und dessen Beisetzung. Bei den vielen Formalitäten und Erledigungen ist das die Bestattung ausrichtende Beerdigungsunternehmen ein hilfreicher und zuverlässiger Partner. Meist bleibt aber kaum Zeit, zur Besinnung zu kommen und den Verlust innerlich zu verarbeiten. Erst das Gespräch mit dem zuständigen Pfarrer – oder bei Nichtzugehörigkeit zu einer Kirche mit dem Redner der Trauerfeier – gibt dem inneren Abschiednehmen wieder Raum. Die Aktivitäten bis zur Beisetzungsfeier sind jedoch auch eine Brücke, die hilft, der Trauer Gestalt zu geben und Abschied zu nehmen.

In der Regel kümmert sich das Bestattungsunternehmen, mit dem meist nach dem Arzt zuerst Kontakt aufgenommen wird, um alle Formalitäten, vom Eintrag ins Familienstammbuch durch das Standesamt bis hin zum Drucken und Aufgeben der Todesanzeigen. Leider haben sich besonders im städtischen Bereich die Gepflogenheiten dahin entwickelt, daß im Falle einer kirchlichen Bestattung die zuständigen PfarrerInnen erst vom Bestattungsunternehmen informiert und mit schon fest vereinbarten Terminen für die Trauerfeier konfrontiert werden. Dabei wäre es sehr wichtig, daß PfarrerInnen schon von Beginn an seelsorgerisch begleitend zugegen sind und helfen, dem Trauerprozeß Gestalt zu geben.

Ich erinnere mich an eine Situation, wo es dem ältesten Sohn des Verstorbenen erst während des Trauergespräches klar wurde, wie wichtig es ihm war, selbst mit dem Familienstammbuch zum Standesamt zu gehen, um den Todesfall des Vaters anzuzeigen. Während des Gesprächs zeigte er mir ein altes Foto, das den Vater stolz vor dem Standesamt zeigt, wo er gerade die Geburt seines ersten Kindes, eben dieses Sohnes, hatte eintragen lassen. Oft hatte der Vater dem Sohn erzählt, wie stolz und glücklich er damals diesen Weg gegangen war. Zuletzt hatte er dies erzählt, als der Sohn selbst Vater einer Tochter geworden war. Glücklicherweise bin ich zu diesem Beerdigungsgespräch gegangen, unmittelbar nachdem der Bestattungsunternehmer dort war. Da dieser am Standesamt noch nichts unternommen hatte, war es kein Problem, das Stammbuch zurückzubekommen, so daß der Sohn selbst die Eintragung beim Standesamt vornehmen lassen konnte.

Mir zeigt dieses Beispiel, daß es für den Trauerprozeß oft gar nicht gut ist, sich alles aus der Hand nehmen zu lassen. Für den Sohn war es ein wichtiger Schritt der Trauerarbeit, diese Formalität selbst in die Hand zu nehmen, wie es für einen anderen wichtig war, den Sarg der Mutter selbst mitzutragen, oder wie einer Tochter das eigenhändige Betten des Vaters im Sarg wichtig war. Dieses herauszufinden, ist Aufgabe der seelsorgerischen Begleitung während des Trauerprozesses, da in der Fremdheit der Sterbesituation gegenüber und angesichts so vieler Dinge, die zu erledigen sind, oft überhört wird, was die Angehörigen brauchen, um mit dem Tod umzugehen. Solche Rituale haben eine starke seelsorgende Funktion. Wie das Beispiel zeigt, kann selbst eine Formalität ein hilfreiches Ritual für die Trauerarbeit sein.

Abschiedsriten und Trauerfeier

»Ich will Gesang, will Spiel und Tanz,
will, daß man sich wie toll vergnügt,
ich will Gesang, will Spiel und Tanz,
wenn man mich untern Rasen pflügt«
Jacques Brel

Nach den beiden Weltkriegen, in der zweiten Hälfte unseres Jahrhunderts, sind wir relativ frei geworden von einengenden traditionellen Zwängen. Was einst als unverrückbar galt, ist heute in der Absolutheit von damals nicht mehr gültig. Ein Beispiel ist die zunehmende Akzeptanz von Feuerbestattungen. Der Gewinn ist, daß wir heute in der Gestaltung von Riten freier geworden sind und unsere individuelle Form finden können. Der Preis ist aber, daß wir unsicherer geworden sind, was die Gestaltung von Lebensübergängen angeht.

So ist es längst nicht mehr üblich, ausschließlich in Schwarz zur Trauerfeier zu gehen und bis zu einem Jahr nach der Beisetzung schwarze Kleider zu tragen. »Warum soll ich schwarze Kleider tragen, wenn ich doch weiß, daß mein Mann es jetzt besser hat«, *fragte die junge Frau, deren Mann nach langem und qualvollem Krebsleiden gestorben war. Zwei Jahre lang hatte sie ihn gepflegt und mit ihm gelitten. Eine unendlich anmutende Zeit der Anspannung und des Abschieds war zu Ende gegangen.*

Der Tod kam für beide einer Erlösung gleich. In einem bunten Sommerkleid, das ihr Mann an ihr geliebt hatte, kam die Ehefrau zur Trauerfeier. Für sie und für ihre Kinder und Freunde war es die angemessene Form des Abschieds, denn sie wußten, wieviel Trauerarbeit schon zu Lebzeiten zwischen den Ehepartnern geleistet worden war und wie verbunden beide waren. Viele Menschen aus der Nachbarschaft und aus dem Dorf waren indes von ihrer Form der Trauer irritiert. Erst später, nachdem die Anspannung der letzten zwei Jahre von ihr abgefallen war und sie der Endgültigkeit des Todes gewahr wurde, begann für die Frau eine Zeit, in der sie ihrer Trauer auch durch dunkle Kleidung Ausdruck gab.

Trauerfeier und Beisetzung sind die Ereignisse im Trauerprozeß, vor denen viele Angehörige die größte Angst haben. Da die Trauerfeier, zumal der kirchliche Trauergottesdienst, eine öffentliche Veranstaltung ist, wenn nicht ausdrücklich das Gegenteil von den Hinterbliebenen gewünscht wird, sitzt die trauernde Familie wie auf dem Präsentierteller vor Nachbarn, ArbeitskollegInnen, Vereinsmitgliedern, Gemeindegliedern und sonstiger örtlicher Öffentlichkeit, die besonders im ländlichen Raum bis heute meist sehr groß ist.

Ich empfehle den Angehörigen im Beerdigungsgespräch, das jeder Trauerfeier vorausgeht, besonders wenn eine große Gemeinde zu erwarten ist, eine halbe Stunde vor Beginn der Trauerfeier in die Kirche zu kommen und vor dem Sarg Platz zu nehmen, um dort in Ruhe die Gedanken fließen zu lassen und sich innerlich auf die Trauerfeier einzustellen. Auch haben sie dann die Möglichkeit, mit mir noch zu reden, wenn ihnen danach ist. So sind sie vor der Feier davor geschützt, in den Strom all der anderen Gottesdienstbesucher zu kommen und sich unter Druck zu fühlen, Gespräche anzufangen. Verständlicherweise möchten die meisten Angehörigen vor Beginn der Feier am liebsten in Ruhe gelassen werden.

Angst vor der Trauerfeier entsteht unter anderem auch durch die Konfrontation mit dem Sarg, der den Leichnam des Verstorbenen birgt. Auch wenn manche den Leichnam noch aufgebahrt im offenen Sarg gesehen haben, repräsentiert diese Totentruhe ein letztes Mal den Verstorbenen, den sie nun nie wieder sehen werden. Der Sarg ist die Reliquie des Endgültigen schlechthin und flößt Furcht ein: Wie erstarrt stand der alte Witwer im Kirchenschiff vor dem Sarg seiner plötzlich verstorbenen Ehefrau. Erst die sanfte Umarmung einer befreundeten Nachbarin löste ihn aus der Erstarrung und bewegte ihn, bei seinen Kindern, die selber wie gelähmt waren, Platz zu nehmen. Auch die ersten Töne der Orgel oder das erste gesprochene Begrüßungswort lösen oft die Anspannung und holen die Angehörigen aus der Einsamkeit ihrer Gedanken heraus.

Überhaupt haben die Musik und die Lieder einer Trauerfeier eine besondere Funktion. Leider wird viel zu oft betont gedämpfte und schwebende Musik ohne erkennbar strukturierenden Rhythmus auf Trauerfeiern gespielt. Texte und Musik sollen bei der Trauerfeier Rückblick, Abschied und Ausblick ermöglichen. Besonders für das Weiterleben, also den Ausblick, soll die Musik die trauernden Menschen wieder »erden« und ermutigen. Oft ist es schwierig, Lieder in den kirchlichen Gesangbüchern zu finden, die der Situation angemessen sind. Besonders jüngere Menschen finden sich in der Sprache und den Inhalten der alten Lieder nicht wieder. Und vielen Menschen ist das Singen, zumal in Trauersituationen, fremd geworden. Trotzdem sollten wir Menschen ermutigen, den Gesang als einen Ausdruck ihrer Gemütsbewegung zu nutzen. Texte und Lieder bieten Ausdrucksmöglichkeiten in der oft lähmenden Situation. Wir sollten uns dabei nicht scheuen, bei Trauerfeiern auch Lieder zu spielen und zu singen, die nicht in den kirchlichen Gesangbüchern zu finden sind, sofern sie einen wichtigen Bezug zum Leben des Verstorbenen aufweisen. Gerade bei der Beerdigung junger Menschen entspricht dies oft dem Wunsch der Angehörigen und Freunde und ist für sie eine wichtige Brücke der Erinnerung und des Trostes.

Auch in den Texten und der Ansprache der Trauerfeier soll das Leben des Verstorbenen in seinen verschiedenen Bezügen gespiegelt werden, und den trauernden Hinterbliebenen soll ein Ausblick auf ihr weiteres Leben eröffnet werden. Die christliche Predigt hat darüber hinaus die Aufgabe, Gottes neugestaltende Liebe kundzutun. Die Trauerfeier endet mit einer Aussegnung bzw. Verabschiedung, in der Name, Geburtsdatum und -ort sowie Sterbedatum und -ort ein letztes Mal öffentlich genannt werden, bevor das Segens- oder Abschiedswort gesprochen und der Sarg zur Beisetzung hinausgetragen wird.

Eine Besonderheit in unserer Bestattungspraxis ist die Einäscherung und anschließende Urnenbeisetzung. Während die Erdbestattung ein einmaliger Akt von Trauerfeier und Beisetzung ist, ist der Prozeß des Abschieds bei einer Urnenbeisetzung in die Länge gezogen und verdoppelt sich, da die Trauerfeier mit dem Sarg in der Regel vor der Einäscherung gehalten wird. Das aber bedeutet, daß die Beisetzung der Urne etwa vierzehn Tage später stattfindet, nämlich dann, wenn sie vom Krematorium per Post oder Paketdienst bei der zuständigen Friedhofsverwaltung eingetroffen ist. Meist kommt dann noch einmal der engste Familienkreis zusammen, um in Form einer kurzen Andacht oder Besinnung auf dem Friedhof die Urne beizusetzen.

Wenn die eigentliche Abschiedsfeier nicht in der Trauerhalle eines Krematoriums stattfindet, wo der Sarg anschließend abgesenkt wird und vor aller Augen verschwindet, ist das erste Problem, ob der Sarg in der Kirche oder Kapelle stehen bleiben oder hinausgetragen werden soll. Während bei einer Erdbestattung klar ist, daß der Sarg zur Beisetzung hinausgetragen wird, herrscht hier Unsicherheit: Daß der Sarg stehenbleibt und die Gemeinde nach der Trauerfeier hinausgeht, ist nicht »normal«, daß er aber hinausgetragen und an der Kirchentür vor aller Augen in ein Leichenauto wie in einem Lieferwagen verladen und an einen ungewissen Ort gebracht wird, ist ebenso eine uneindeutige Situation. Ich persönlich ermutige in Trauergesprächen trotzdem immer wieder, den Sarg hinaustragen zu lassen und es auszuhalten, daß er verladen und weggefahren wird.

Ich erinnere mich dabei an einen Mann, dessen Frau jung verstorben war und die nach ihrem Tod verbrannt werden wollte. Auf seinen ausdrücklichen Wunsch hin sollte die Gemeinde im Anschluß an die Feier hinausgehen, während der Sarg bis zur Abholung stehen bleiben sollte. Nachdem die Gemeinde die Kirche verlassen hatte, ging er noch einmal zurück in die Kapelle und war nicht wieder zu bewegen, vom Sarg wegzugehen. Nach einer halben Stunde geduldigen Dabeiseins einiger Angehöriger und Freunde ließ er sich dann in die Mitte nehmen und sanft hinausgeleiten.

Die Beisetzung

Der Augenblick, in dem der Sarg nach dem Hinaustragen zur Grabstätte in das Erdloch abgesenkt wird, ist während des Beisetzungsaktes noch einmal ein schockierender Moment, der die Endgültigkeit des Abschieds markiert. Dieser Akt ist zugleich barmherzig und aggressiv: Sanft soll der Verstorbene nun im Frieden ruhen, gleichzeitig aber wird drastisch deutlich gemacht, daß der Tote nicht mehr in die Welt der Lebenden gehört.

Zu den Akten der Barmherzigkeit gehört schon vor der Beisetzung, daß der Leichnam gewaschen, eingehüllt oder eingekleidet und im Sarg gebettet wird. Die Trauerfeier, das gemeinsame Geleit zur Grabstätte und das sanfte Hinablassen des Sarges gehören ohne Zweifel auch zu den barmherzigen Gesten dem Verstorbenen wie auch den Angehörigen gegenüber.

Der aggressiven Seite dieses Aktes ist durch unsere Beerdigungsgepflogenheiten leider die Spitze genommen. Die Aggressivität richtet sich dabei gegen die Tatsache und Radikalität des Todes, den der Leichnam des Verstorbenen greifbar verkörpert. Der Tod ist in unserer modernen Welt weitgehend vom Leben ausgegrenzt. Wenn er dann aber eingetreten ist, wird unserer archaischen Angst und Wut kaum Raum gegeben. Neben dem Unterdrücken der Klage und dem oft voreiligen Verabreichen von Beruhigungsmitteln gibt es auch in der gegenwärtigen Bestattungskultur viele Anzeichen für die Vermeidung der aggressiven Seite des Abschieds. So schaut die Trauergemeinde beim Blick ins Grab meist nicht mehr in das Erdloch, sondern dieses ist säuberlich mit Kunstgrasmatten ausgekleidet, so daß das nackte Erdreich nicht zu erkennen ist. Häufig ist sogar der ausgehobene Erdhaufen im Grabarrangement unkenntlich gemacht. Bis zuletzt machen wir uns die Illusion, der Verstorbene solle es gut und komfortabel haben und sei nicht Erde von Erde, zu der er nun wieder zurückkehrt.

Besonders deutlich wird dies auch, wenn es für die Angehörigen und die anwesende Trauergemeinde daran geht, mit dreimaligem Erdwurf den Verstorbenen symbolisch mit zu begraben. Statt eines Erdhaufens aus der Grabstätte und eines Spatens ist am Grabrand meistens eine Schale mit Sand und einer kleinen Sandkastenschaufel aufgestellt. Hieraus eigenhändig Sand über den Sarg ins Grab zu schaufeln, ist für die meisten Menschen ein ungeheurer Angang. Auch wenn ich während des Beerdigungsgespräches mit den Angehörigen über den Sinn dieses Aktes bei der Beisetzung gesprochen habe, herrscht am Grab meist eine unüberwindliche Scheu, wirklich Erde auf den Sarg zu schaufeln und so den Leichnam unwiederbringlich zu beerdigen.

In meiner Rolle als Liturg und Zelebrant von Beerdigungen habe ich mir angewöhnt, den Sand und die Spielschaufel zu ignorieren und mit meiner Hand unter Segensworten Erdreich ins Grab zu werfen. Manche folgen diesem Beispiel und erschrecken dann sichtlich, wenn auch nur ein Steinchen hörbar auf den Sargdeckel fällt. Ein Mann, der mir dies nachgetan hatte, erzählte mir beim anschließenden Leichenschmaus, daß es ihm durch Mark und Bein gegangen sei, als die schwere Lehmerde auf den Sarg seiner Mutter polterte, daß genau dies ihn aber aus der seltsamen Trance zwischen Wirklich und Unwirklich geweckt habe. Ich erinnerte mich, daß er nach dem ersten Erdwurf, den er getan hatte, einen Augenblick wie angewurzelt stand. Das war genau der Moment, in dem er der Bedeutung des Geschehens gewahr wurde. Das Geräusch der auf den Sarg fallenden Erde hatte dieses Gewahrwerden bewirkt.

Die Wege der Bewußtwerdung des Todes und der Trauer verlaufen sehr verschieden. Einem Ehepaar, das seinen 24jährigen Sohn durch einen Autounfall verloren hatte, war es lange Zeit unmöglich, ihren Garten oder die Kirche wieder zu betreten. Im Garten, den der Sohn sehr geliebt hatte, hatten sie ihn ständig lebendig vor Augen, und in der Kirche stand in ihrer Phantasie immer noch der ihren toten Sohn bergende Sarg. Täglich sah ich sie am Pastorat vorbei zum Friedhof gehen. Manchmal begleitete ich sie dorthin, wo sie dann wie gelähmt am Grab standen. Eines Tages schlug ich im Verlauf eines Gespräches, das sich am Grab entwickelt hatte, vor, doch aus den Samen der Sonnenblumen, die ihr Sohn im Garten gezogen hatte, neue zu ziehen und einige auf dem Grab einzupflanzen. Nachdem sie anfänglich gezögert hatten, begleitete ich sie in ihren Garten, wo sie Sonnenblumenkerne nahmen und diese eintopften, um sie vorzuziehen. Im Frühjahr setzten sie diese mit ihren eigenen Händen im Grab ihres Sohnes ein. Zum erstenmal hatten sie seit seiner Beisetzung den Garten wieder betreten, Erde angefaßt und sein Grab berührt. Nach langer Zeit gewannen sie so wieder Zutrauen, sich dem Leben zuzuwenden. Eigenhändig geschnittene Sonnenblumen aus ihrem Garten als Altarschmuck und ein Konfirmationsfoto ihres Sohnes ermöglichten es ihnen ein weiteres Jahr darauf, die Kirche zögernd wieder zu betreten.

Es erfordert viel seelische Kraft, sich dem Abschied ohne Beschönigungen zu stellen. Gesten und Riten können helfen, aus der eigenen Kraftlosigkeit wieder Kraft zu schöpfen. Beerdigungsriten dienen nicht der Verschleierung und Verschönerung des Unfaßbaren, sondern sie dienen dem behutsamen Abschied und sollen helfen, sich in die neuen Lebenszusammenhänge einzufinden.

Das Leichenmahl

Dem Brauch des Leichenmahles kommt die Funktion zu, sich nun wieder dem Leben zuzuwenden und sich erstmals ohne den Verstorbenen wieder zusammenzufinden. Bei vielen Jüngeren erlebe ich Befremden gegenüber dieser Tradition, die auch ich lange Zeit unangemessen und eigenartig fand, so daß ich mich als junger Pastor schwertat, an diesem Brauch teilzunehmen: Wie paßt das zusammen, Trauer und Abschied einerseits, und andererseits anschließendes geselliges Beisammensein mit Essen und Trinken?

In Gemeinschaft zu essen und zu trinken ist ein Zeichen des Lebens. Beim Leichenmahl kommen die Angehörigen, Nachbarn und Freunde zum ersten Mal nach dem Tod eines nahen Menschen in der neuen Konstellation ohne den Verstorbenen zusammen und bilden ihre Gemeinschaft neu. Besonders deutlich wird dies, wenn das letzte Glied der Groß- oder gar Urgroßeltern stirbt. Oft waren diese anläßlich hoher Geburtstage oder hoher Feste im Jahreskreis wie Ostern und Weihnachten der Sammelpunkt der Familie, wo alle Generationen zusammentrafen. Mit ihrem Tod ist dieser Mittelpunkt zunächst verloren und damit ein wichtiger Kristallisationspunkt der Familie.

Ich habe es häufig erlebt, daß beim Leichenmahl unter den Angehörigen im Bewußtsein dieser neuen Konstellation Verabredungen getroffen werden, die das abrupte Ende von solchen Familientraditionen verhindern helfen und jedem die Möglichkeit geben, sich in die neue Situation einzufinden. Deswegen versuche ich meistens auch zum Leichenmahl zu ermutigen, wenn bei Beerdigungsgesprächen Skepsis gegenüber dem anschließenden Mittagessen oder Kaffeetrinken geäußert wird. Das Leichenmahl ist keine pietätlose Unsitte, sondern es kann eine wichtige Vergewisserung der Hinterbliebenen für ihr neues Leben ohne den Verstorbenen sein, und er hilft den teilnehmenden Freunden und Bekannten, den Trauernden unbefangener gegenüberzutreten.

Verzeichnis der AutorInnen

Dr. med. Harald Barth, geboren 1954, ist Neurochirurg und Oberarzt an der Klinik für Neurochirurgie der Christian-Albrechts-Universität Kiel. Von ihm liegen u.a. Veröffentlichungen zu den Themen »Hirntod« und »Schädel-Hirn-Trauma« vor.

Wolfgang Chrosziewski, geboren 1950, arbeitet als Diplom-Psychologe an einer großen Rehabilitationsklinik in Norddeutschland. Er hat zwei Kinder.

Bettina Dolezalek-Pohl, geboren 1953, ist Goldschmiedin und Mutter von vier Kindern. Sie lebt in einer Großstadt im Rheinland.

Christine Dolge, geboren 1957, ist Krankenschwester; ihr Mann, *Jens Dolge*, geboren 1961, ist ebenfalls Krankenpfleger. Sie leben in einer norddeutschen Kleinstadt und haben zwei Kinder.

Ulrich George, geboren 1952, studierte nach einer Ausbildung zum EDV-Kaufmann Theologie und arbeitete viele Jahre als Gemeindepastor. Heute ist er als Klinikseelsorger in Norddeutschland tätig. Er singt und interpretiert außerdem jiddische Lieder.

Margit Handels, geboren 1956, ist Krankenschwester; ihr Mann, *Ralf Handels*, geboren 1952, ist biologisch-technischer Assistent. Sie leben in einer norddeutschen Kleinstadt und haben vier Kinder.

Dr. med. Ludger Iske, geboren 1958, arbeitet als Arzt an einer kardiologischen Schwerpunktklinik in Norddeutschland. Er ist außerdem Rockmusiker, -sänger und -texter und hat eine Tochter.

Margret Krueger, geboren 1926, ist Diakonin, Organistin und Krankenschwester. Sie war 21 Jahre lang Leiterin einer evangelischen Familienbildungstätte. Sie lebt in einer Kleinstadt in Norddeutschland.

Barbara Künzer-Riebel, geboren 1954, ist Wirtschaftskorrespondentin. Nach dem Tod ihres ersten Kindes war sie Mitbegründerin der Elterninitiative »Regenbogen«. Sie ist u.a. Mitherausgeberin des Buches »Nur ein Hauch von Leben« (Fischer-Verlag), in dem Eltern vom Tod ihres Babys berichten. Barbara Künzer-Riebel lebt in einem kleinen Ort in Süddeutschland und hat eine Tochter.

Dr. med. Christoph Mayr, geboren 1959, arbeitet als Arzt an einer großen Berliner Klinik und ist außerdem Gestalttherapeut. Er ist Mitherausgeber des Buches »HIV und AIDS: Behandlung, Beratung, Betreuung« (Urban & Schwarzenberg).

Marianne Muntau, geboren 1948, ist gelernte Schneiderin. Sie lebt in einer Kleinstadt in Norddeutschland und hat drei Kinder.

Sabine Paqué, geboren 1955, ist Kunsthistorikerin und Autorin mehrerer Kunstbände. Sie ist Vorsitzende der »Hospiz-Initiative Kiel e.V.« und lebt seit kurzem in einer mitteldeutschen Großstadt.

Dr. med. Heike Roth, geboren 1964, ist z. Zt. als Ärztin in der anästhesiologischen Abteilung eines Kreiskrankenhauses in Dänemark tätig. Sie hat während ihres Medizinstudiums u.a. als Freiwillige in einem Hospiz in San Francisco, USA, gearbeitet.

Professor Dr. phil. Manfred Schleker, geboren 1937, ist Hochschullehrer für Politische Ethik. Er lebt in einer norddeutschen Kleinstadt, ist mit einer Ärztin verheiratet und hat drei Söhne und zwei Enkeltöchter.

Dr. rer. pol., Dr. med. Karl-Heinz Wehkamp, geboren 1948, ist Facharzt für Frauenheilkunde und Geburtshilfe. Von ihm liegen Veröffentlichungen zu den Themen »perinataler Kindstod« und »Medizinethik« vor. Er ist Direktor des Zentrums für Gesundheitsethik an der Evangelischen Akademie Loccum in Hannover. Karl-Heinz Wehkamp hat drei Kinder.

Marianne Wulf, geboren 1950, lebt in einer norddeutschen Großstadt. Sie ist verheiratet und hat ein Kind.

Den letzten Weg gemeinsam gehen

- In diesem einfühlsamen TRIAS-Buch erfahren Sie, wie Sie einen Sterbenden zu Hause, im Krankenhaus oder im Hospiz sinnvoll betreuen und pflegen. Lesen Sie auch, wie eine Schmerz-Therapie die letzten Tage erleichtern kann.

- Sie erfahren Unterstützung darin, wie Sie gemeinsam mit dem Arzt einen unheilbar Kranken über seinen nahen Tod aufklären. So lassen Sie ihm realistische Hoffnungen auf eine verbleibende lebenswerte Zeit.

- Dieses Buch hilft Ihnen auch, die Realität des Todes zu verstehen, zu ertragen und Ihre Trauer anzunehmen.

Dipl.-Psych. Dr. Oskar Mittag
Sterbende begleiten
Ratschläge und praktische Hilfen
159 S., 8 Abb., 5 Tab.,
DM 28,–/ SFr 26,70 / ÖS 204,–
ISBN 3-89373-266-7

Preisänderungen
und Irrtum vorbehalten.

TRIAS Verlag, Rüdigerstr. 14, 70469 Stuttgart, Tel. 0711/89 31-0, Fax 0711/89 31-5 63